Die Vitaminlüge

Printed in Germany
Lektorat: Bernd Pallaschke
Redaktion und DTP: OmniText, Dümmer
Alle Abbildungen aus dem Archiv der Autorin, wenn nicht anders vermerkt
Titelgestaltung: ratz-fatz, Melsungen
Druck und Verarbeitung: Druckerei Himmer, Augsburg
ISBN 3-7888-1020-3

Dr. Andrea Flemmer

Die Vitaminlüge …

Ist unsere Normalkost wirklich eine Mangelernährung?

NEUMANN-NEUDAMM

Inhalt

Einführung

Ich war bei Freunden zu Besuch. Freunde, die aktiv im Natur- und Umweltschutz sind. Beide Akademiker, beide Naturwissenschaftler. Sie: Gymnasiallehrerin für Mathematik und Physik, er: Elektrotechniker. Beide ernst zu nehmen. Sie erzählten mir von *ausgelaugten Böden* infolge der Intensivbewirtschaftung und einer völlig verfehlten Landwirtschaftspolitik. Infolgedessen würden unsere Lebensmittel nicht mehr genügend Vitamine und Mineralstoffe enthalten. Deshalb nähmen sie vorsichtshalber entsprechende Tabletten und Pülverchen ein. Diese erhielten sie von einem Arzt, der die Unverschämtheit anprangert, dass diese „Medikamente" so teuer verkauft werden, obwohl die Herstellungskosten so niedrig liegen. Von ihm würden sie die Mittel jetzt über das Internet billiger bekommen.

Ich traute meinen Ohren nicht: täglich Tabletten und Pülverchen einnehmen, weil die Landwirtschaft unsere Böden kaputt gemacht hat? Nun, ich wurde misstrauisch. Das mit den *ausgelaugten Böden* hielt ich für plausibel. Jahrelang hatte ich Vorlesungen über den ökologischen Anbau an der hiesigen Fachhochschule gehalten und wusste, wie problematisch die konventionelle Landwirtschaft für die Böden ist, z. B. wegen der Schadstoffbelastung und Überdüngung. Dann kannte ich eine Wissenschaftlerin, die eine Arbeit an Nematoden (kleine, dünne weiße Fadenwürmer) durchführte. Diese Tierchen nehmen in Böden der konventionellen Landwirtschaft überhand, da sie das Bodenklima lieben, das durch den Kunstdünger entsteht. Die müssten jetzt zusätzlich bekämpft werden.

Tja, das mit den *ausgelaugten Böden* konnte also stimmen. Wäre es dann aber nicht besser, *Bioprodukte* zu essen, anstatt täglich Medikamente, Tabletten und Pülverchen einzunehmen, die sicherlich auch Nebenwirkungen hatten? Man sagt *Bioprodukten* sowieso einen höheren Vitamin- und Mineralstoffgehalt nach. Jetzt wollte ich es aber genau wissen und so entstand dieses Buch. Es beantwortet Fragen wie:

- Welche Mengen eines Lebensmittels müssen wir zu uns nehmen, um unseren Tagesbedarf an Vitaminen und Mineralstoffen zu decken?
- Gibt es überhaupt Vitamin- und/oder Mineralstoffmangel bei uns?
- Andere Länder, andere Sitten – oder: warum um alles in der Welt braucht

der Engländer oder Amerikaner weniger Vitamine als ein Deutscher oder Österreicher?
• Welche Vitamin- und Mineralstoffkonzentrationen werden heute in Lebensmitteln gefunden? Welche Daten sind aus früheren Untersuchungen bekannt?
• Enthalten *Bioprodukte* mehr Vitamine und Mineralstoffe als konventionelle Lebensmittel?
• Babys erhalten künstliche Vitamine von Anfang an. Ist das wirklich nötig und gesund?
• Welche Nachteile haben künstliche Vitamine und Mineralstoffe?
• Muss man wirklich Angst vor einem Nährstoffmangel haben, wenn man keine Vitamin- und Mineralstofftabletten einnimmt?

Das vorliegende Werk ist kein ausschließliches Lehrbuch über Vitamine und Mineralstoffe. Diese habe ich bereits geschrieben und dort können sie alles über deren Wirkung, Bedarf, Folgen bei Mangel, Zubereitungsfehler und *Überdosierung* sowie Lebensmittel, die viel von dem jeweiligen Nährstoff enthalten, nachlesen. Auch wenn Sie bereits Beschwerden haben, können Sie anhand einer Tabelle feststellen, ob als Ursache dafür ein Vitamin- oder Mineralstoffmangel in Frage kommt. Alles, was die Wissenschaft über Vitamine und Mineralstoffe zur Zeit weiß und was für Sie wichtig ist, finden Sie darin. Die Titel der beiden Werke: „Das Multi-Vitamin-Buch“ und „Das Mineralstoffbuch“ vom Neumann-Neudamm-Verlag, Melsungen, erschienen 2004 und 2003.

Vielmehr möchte ich die gängige Meinung hinterfragen, dass wir uns mit der normalen täglichen Kost nicht ausreichend versorgen.

Erfreulicherweise stieg der Pro-Kopf-Verzehr an Gemüse in den letzten 20 Jahren um 23 Kilogramm auf heute 92 kg pro Jahr an und etwa 81 % achten auf eine ausgewogene und gesunde Ernährung. Erstaunlicherweise geben die Bundesbürger jährlich trotzdem mehr als eine Milliarde Euro für *Vitamin-* und *Mineralstoffpräparate* aus. Zumindest haben die meisten Vitamin-C-Tabletten oder pülverchen zu Hause – denn die schützen ja vermeintlich vor Grippe und anderen Krankheiten. Ein barer Unsinn, wie die aktuellen Forschungen zeigen. Nach dieser Lektüre wissen Sie, ob sie überhaupt künstliche Vitamine und Mineralstoffe benötigen – und können damit viel Geld sparen.

Viel Spaß beim Lesen und danach einen großen Sparerfolg wünscht Ihnen

Dr. Andrea Flemmer

Bild: Dr. Grandel

Wieso chemisches Vitamin C einnehmen, wenn die Acerolakirsche soviel natürliches enthält?

Kapitel I

Welche Lebensmittelmenge deckt Ihren Tagesbedarf an Vitaminen und Mineralstoffen?

In diesem Kapitel erhalten Sie Informationen darüber, welche Mengen an Lebensmitteln Sie überhaupt essen müssen, um den Tagesbedarf der verschiedenen Vitamine oder Mineralstoffe zu decken. Außerdem erfahren Sie, ob es schwierig oder unmöglich ist, diesen Bedarf durch natürliche Lebensmittel ausreichend zu decken. Dabei dürfen Sie nicht vergessen, dass Sie sich nicht nur von einem Lebensmittel ernähren, sondern eine Mischung aus verschiedenen zu sich nehmen. Die angeführten Lebensmittel sind nur Beispiele, die besonders viel von dem jeweiligen Vitamin bzw. Mineralstoff enthalten.

Die Datengrundlagen finden Sie in meinem Multivitamin- und Multimineralstoffkochbuch. Die zugehörigen Analysendaten stammen fast ausschließlich aus dem umfangreichen (1.182 Seiten!) wissenschaftlichen Werk von Souci, Fachmann, Kraut: „Die Zusammensetzung der Lebensmittel“, 6. Auflage aus dem Jahre **2000**. Dieses Werk stellt internationale wissenschaftliche Fachliteratur dar, welche im Laufe der Jahre erweitert und überarbeitet wird.

I. A) Vitamine

A) 1 Fettlösliche Vitamine

A) 1.1. Vitamin A (Retinol)

Vitamin A steckt in vielen Lebensmitteln in hohen Konzentrationen.

Bei gemischter Kost stellt die Versorgung für einen gesunden Mitteleuropäer kein Problem dar, ja häufig wird die empfohlene Zufuhr überschritten. Die Seltenheit eines Mangels liegt an den großen Speichern in der Leber, dem reichhaltigen Angebot und der effizienteren Aufnahme, wenn weniger angeboten wird.

Den Tagesbedarf von etwa 1 mg Vitamin A pro Tag decken Sie z. B. mit:

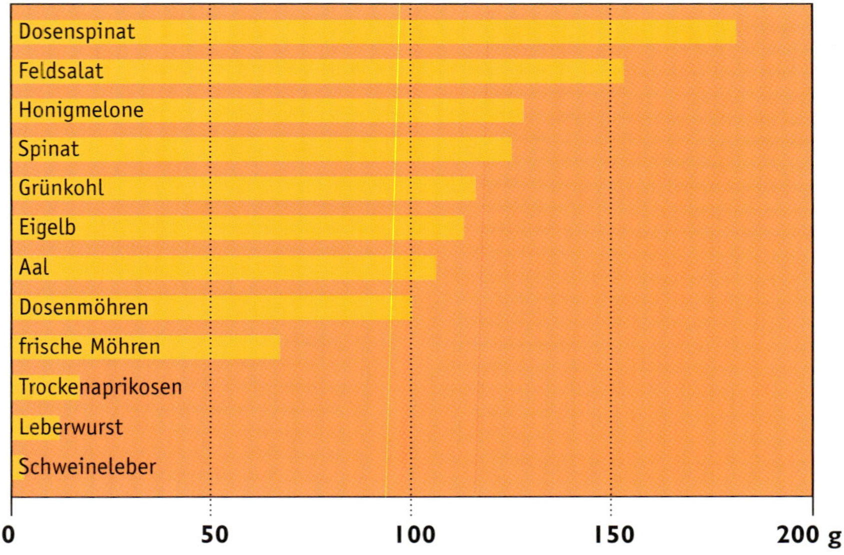

Fazit: Wie Sie anhand des Diagramms sehen können, ist es relativ einfach, sich ausreichend mit Vitamin A zu versorgen. Auch nach aktuellen Analysendaten ist die Konzentration an diesem Vitalstoff in üblichen Lebensmitteln so hoch, dass man nicht einmal große Lebensmittelmengen verzehren muss, um seinen Bedarf zu decken.

A) 1.2 Vitamin E (Alpha-Tocopherol)

Auch bei Vitamin E ist bei gesunden Menschen, die sich vielseitig ernähren (gemischte Kost), kaum ein Mangel zu erwarten. Wir sind gut damit versorgt. Meist sind es angeborene genetische Defekte, die die Aufnahme oder Verwertung des Vitamins beeinträchtigen. Jedoch schätzt die DGE, dass eine ausreichende Zufuhr beim Erwachsenen nur gerade eben erreicht wird. Nun, wenn Sie sich die folgende Darstellung ansehen, können Sie erkennen, wie wenig Sie oft von dem jeweiligen Lebensmittel zu sich nehmen müssen, um Ihren Tagesbedarf zu decken.

Den Tagesbedarf von etwa 15 mg decken Sie z. B. mit:

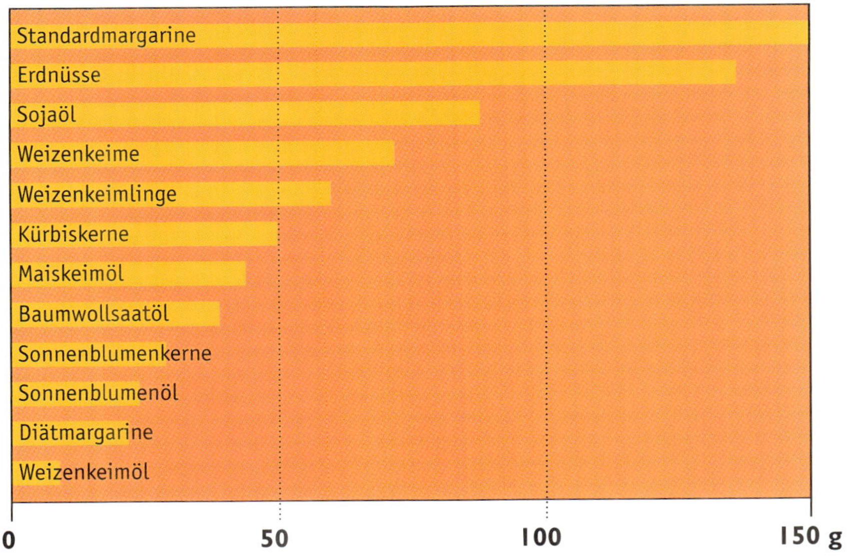

Fazit: Wenn Sie sehr viel Vitamin E zu sich nehmen wollen, können Sie Weizenkeimöl und Sonnenblumenöl als Salatöl verwenden. Eine positive Wirkung von Vitamin-E-Präparaten ist – außer sie sind vom Arzt verordnet – nach bisherigem Erkenntnisstand nicht zu erwarten.

A) 1.3 Vitamin D (Calciferol)

Die Vitamin-D-Versorgung geschieht in erster Linie über die Sonne, erst an Zweiter Stelle steht die Ernährung. Für das Vitamin hat man normalerweise (außer bei längerer Krankheit etc.) üppige Speicher, so dass ein Mangel nicht so schnell entsteht.

In vielen Lebensmitteln ist Vitamin D enthalten. Den Tagesbedarf von 5 µg decken Sie z. B. bereits mit:

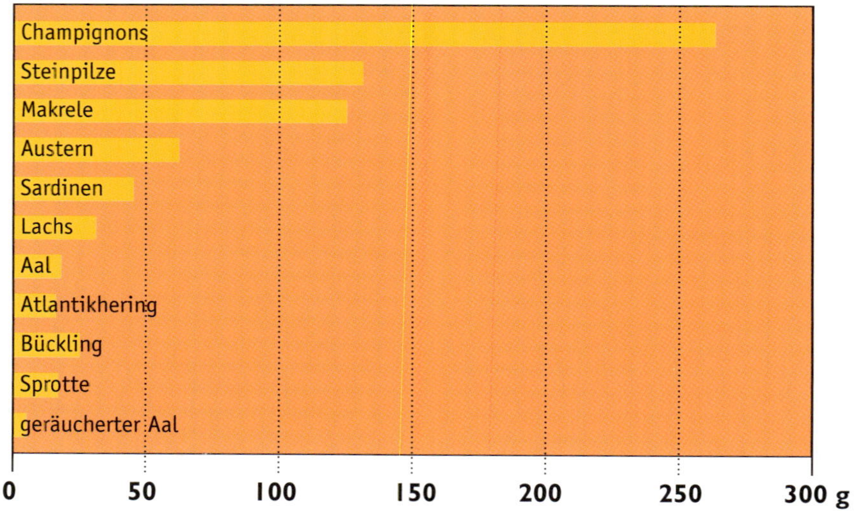

Fazit: Ausreichend Sonne im Frühling und Sommer (Sonnenbrand dafür völlig unnötig!), abwechslungsreiche, vollwertige Ernährung und Sie können Vitamin D vergessen – Ausnahme: Schwangerschaft, Stillzeit und neugeborenes Kind. Prof. Lentze von der Uniklinik in Bonn ist da sehr genau: „Die Dauer der Sonnenexposition in unseren Breiten für eine ausreichende Vitamin-D-Produktion dürfte an einem klaren Sommertag bei einer Bestrahlung des Gesichts, der Arme und Hände um **100 Minuten Pro Woche** liegen."

A) 1.4 Vitamin K (Phyllochinon)

Ein Mangel an Vitamin K tritt beim gesunden Menschen kaum auf, wir sind mit diesem Vitamin infolge der Aktivität von Darmbakterien und dem z. T. hohen Gehalt in den unterschiedlichsten Nahrungsbestandteilen bestens versorgt.

Den Tagesbedarf von etwa 60 µg Vitamin K decken Sie z. B. mit folgenden Lebensmittelmengen:

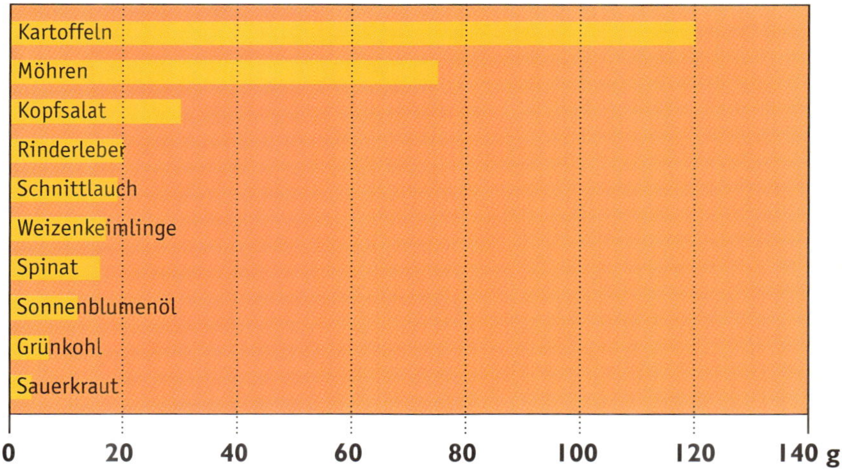

Fazit: Einen Mangel brauchen Sie auch hier nicht zu befürchten. Wenn Sie vorbeugen wollen: ab und zu Sauerkraut essen.

A) 1.5 Ubichinone (Coenzym Q)

Ubichinone kommen in allen Nahrungsmitteln vor und werden in der Werbung auch als *Coenzym Q 10* bezeichnet. Ob es sich tatsächlich um ein Vitamin handelt ist umstritten. Der Körper kann es in ausreichenden Mengen selbst bilden oder – zur Not – aus der Nahrung aufnehmen. Reine Ubichinonmangelzustände wurden beim Menschen bisher nicht mit Sicherheit nachgewiesen. Nur wenn gewisse Eiweißbausteine oder Vitamine fehlen, die für den Aufbau von Ubichinon benötigt werden, ist ein Mangel theoretisch möglich. Bei einer abwechslungsreichen, vollwertigen Ernährung wird der Körper jedoch ausreichend mit diesem Nährstoff versorgt.

I.A) 2 Wasserlösliche Vitamine

A) 2.1 Vitamin B_1 (Thiamin, Aneurin, „Anti-Beri-Beri-Faktor")

Einen krassen Mangel an Vitamin B_1 gibt es bei uns nicht. Jedoch sind Menschen, die sich vorzugsweise von weißen Auszugsmehlen (Mehl Type 405 und 550), Zucker und Alkohol ernähren, gefährdet. Diese Nahrungsmittel enthalten kein oder nur spurenweise Vitamin B_1.

Wenn Sie sich ansehen, welch geringe Mengen der folgenden Lebensmittel genügen, um den Tagesbedarf an Vitamin B_1 zu decken, werden Sie erkennen, dass in den Lebensmitteln immer noch genug enthalten ist, um sich ganz natürlich mit Vitamin B_1 zu versorgen.

Den Tagesbedarf von etwa 1,2 mg Thiamin decken Sie z. B. mit folgenden Lebensmittelmengen:

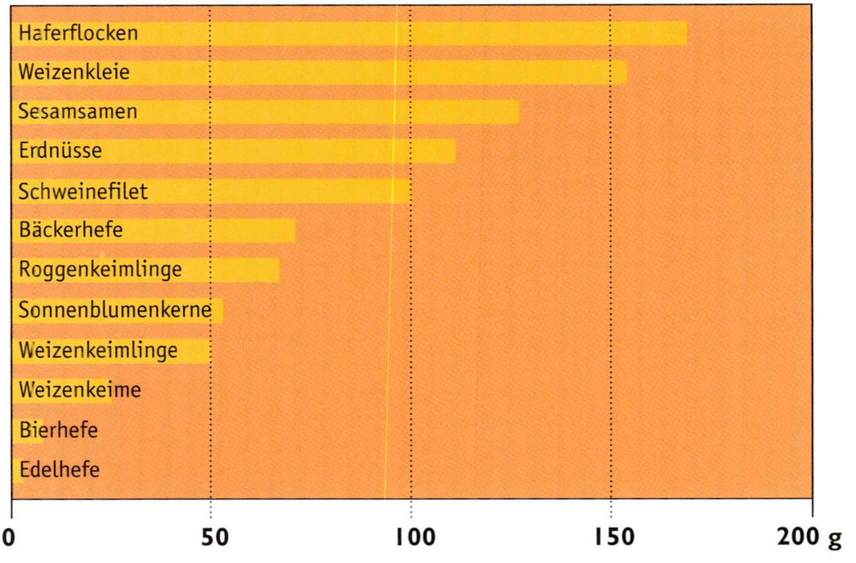

A) 2.2 Vitamin B_2 (Riboflavin)

Erwachsene sind gut mit Vitamin B_2 versorgt. Täglich soll man etwa 1,2 (Frauen) bis 1,5 (Männer) mg aufnehmen. Tatsächlich liegt die Aufnahme bei durchschnittlich 2,1 mg – und viele Lebensmittel enthalten das Vitamin.

Den Tagesbedarf (1,2–1,5 mg) an Vitamin B_2 decken Sie z. B. mit folgenden Lebensmittelmengen:

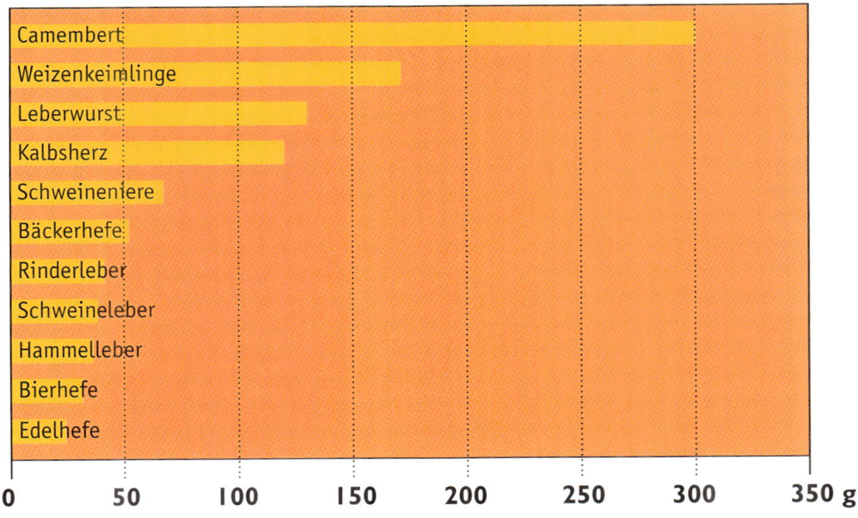

A) 2.3 Niacin, Nikotinsäureamid oder Vitamin B_3

Niacin ist der Sammelname für Nikotinsäureamid und Nikotinsäure, die vom Körper ineinander umgewandelt werden können und die gleiche Wirkung haben. Tryptophan, ein Eiweißbaustein, trägt zur Versorgung bei, da es bei ausreichender Eiweißversorgung in Niacin umgewandelt werden kann (60 mg Tryptophan ergibt 1 mg Niacin).

In der BRD ist die Versorgung mit Niacin bei Gesunden in der Regel gesichert. Dies ist auf den relativ hohen Verzehr von Fleisch und Fleischprodukten zurückzuführen.

Den Tagesbedarf von etwa 15 mg Niacin decken Sie z. B. mit:

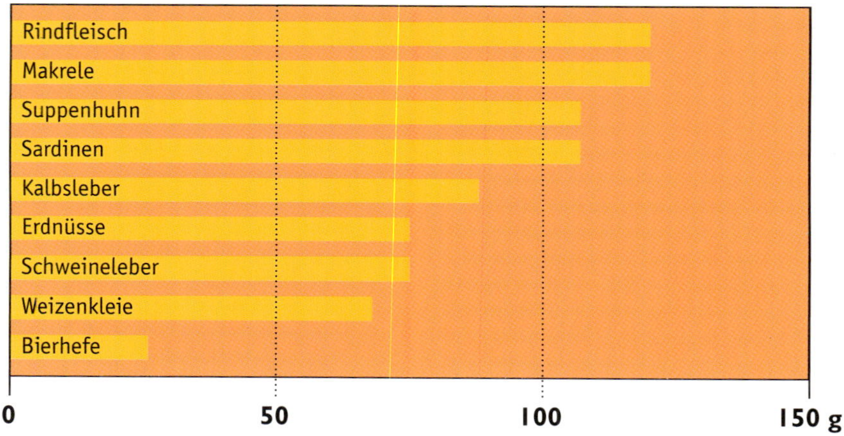

A) 2.4 Pantothensäure (Vitamin B_5)

Aufgrund der weiten Verbreitung von Pantothensäure in Lebensmitteln kommt ein durch die Ernährung verursachter Mangel nicht vor.

Den durchschnittlichen Tagesbedarf von 8 mg finden Sie z. B. in

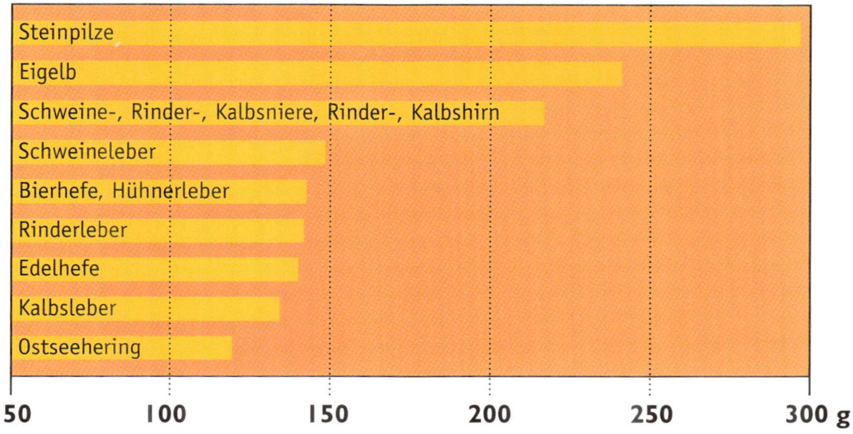

A) 2.5 Vitamin B_6 (Pyridoxin)

Da Vitamin B_6 in fast allen Nahrungsmitteln enthalten ist und der Körper über beachtliche Reserven verfügt, sind ernährungsbedingte *Mangelerscheinungen* selten. Im Durchschnitt wird etwas mehr Vitamin B_6 aufgenommen (Frauen 1,43, Männer 1,79 mg/Tag) als die tatsächlich benötigte Menge. Der Tagesbedarf liegt für Erwachsene bei 1,2 (Frauen) bzw. 1,6 mg (Männer) Vitamin B_6.

Etwa 1,5 mg Vitamin B_6 finden Sie z. B. in:

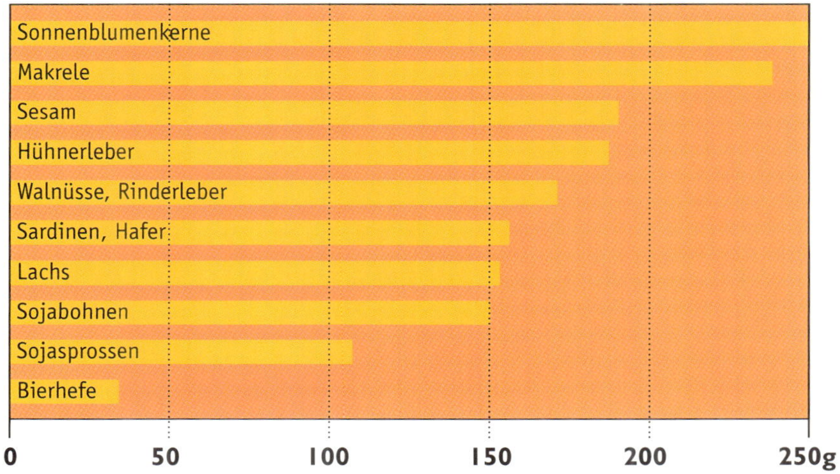

A) 2.6 Biotin, ehemals Vitamin H oder B_7

Biotin wird in großem Umfang durch Darmbakterien gebildet. Dadurch ist ein ernährungsbedingter Mangel bei gesunden Erwachsenen nicht bekannt. Für sie kann nach wie vor kein zuverlässiger Bedarf angegeben werden. Mit dieser Einschränkung wird von der DGE 30–60 µg Tagesaufnahme für Jugendliche ab 15 Jahren und Erwachsene empfohlen. Manche Experten meinen, dass 10 µg genügen.

Der Biotingehalt einer gemischten Kost liegt bei 50–200 µg/Tag. Somit ist es kein Problem, ausreichend Biotin zu bekommen.

30 µg Biotin finden Sie z. B. in folgenden Lebensmittelmengen:

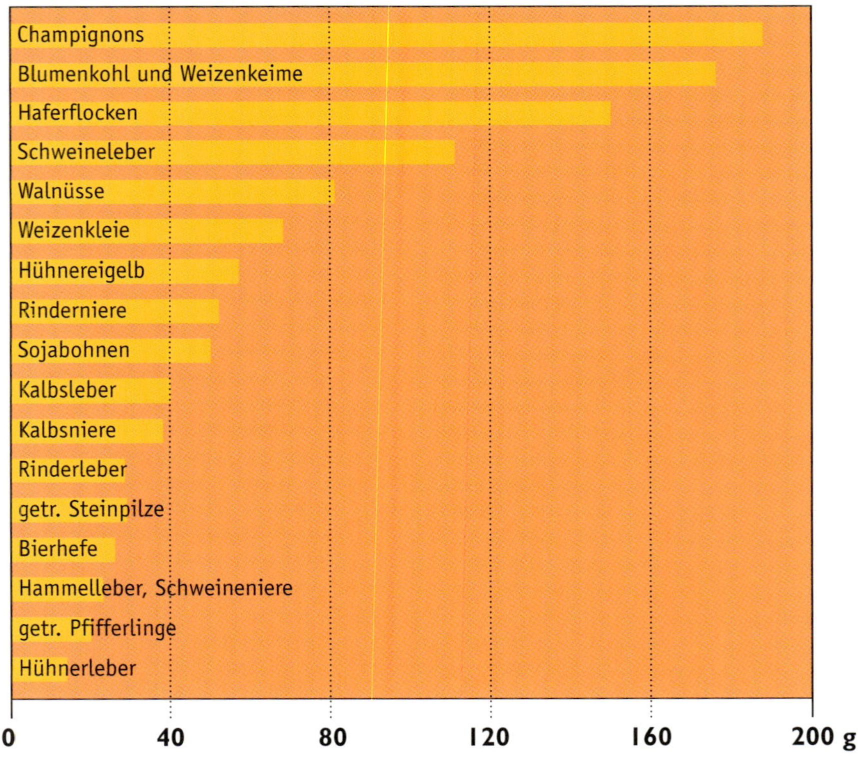

A) 2.7 Folsäure (Vitamin B_8 oder B_9, Vitamin M)

Folsäuremangel wird weltweit beobachtet und kommt leider auch bei uns vor. Er kann lange kompensiert werden, so dass man ihn erst relativ spät bemerkt. Vor allem Ältere, Schwangere und Stillende sind laut DGE (Deutsche Gesellschaft für Ernährung e. V.) mit Folsäure unterversorgt. Das Vitamin gehört zu den sogenannten *kritischen Vitaminen*.

Bakterien stellen einen Teil der benötigten Folsäure bereit. Zusätzlich sollten Erwachsene mit der Nahrung täglich 400 µg (0,4 mg) aufnehmen.

Den Tagesbedarf von etwa 400 µg Folsäure decken Sie z. B. mit:

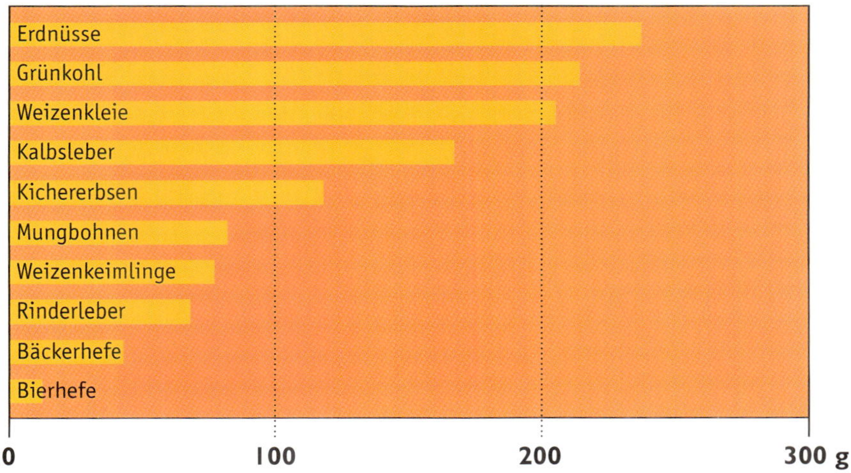

Fazit: Ein gesunder Erwachsener sollte keine Probleme mit Folsäure haben. Bei Kinderwunsch oder Schwangerschaft sollte man für dieses Vitamin den Arzt oder eine Ernährungsberatung konsultieren (s. folgendes Kapitel).

A) 2.8 Vitamin B_{12} (Cobalamin oder Cyanocobalamin)

Täglich sollten im Mittel 3 µg Vitamin B_{12} verzehrt werden. Bei normaler Mischkost werden etwa 2– 5µg pro Tag aufgenommen. Die Vitamin-B_{12}- Aufnahme hängt stark von der Höhe der mit einer Mahlzeit aufgenommenen Einzeldosis ab. Je größer die Einzeldosis ist, umso geringer ist die Aufnahmerate.

Den Tagesbedarf von etwa 3 µg Vitamin B_{12} decken Sie z. B. mit:

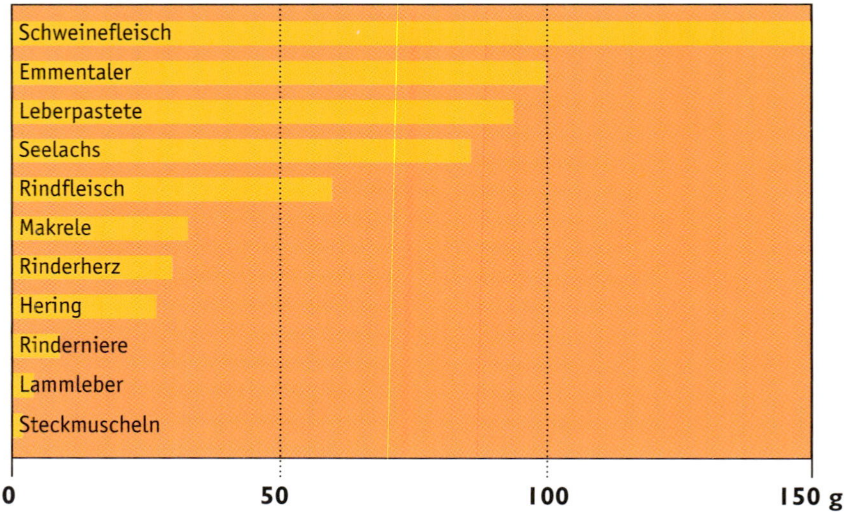

Fazit: Wenn Sie sich nicht *vegan* (s. Anhang, Lexikon) ernähren und gesund sind, ist die Deckung des Vitamin-B_{12}-Bedarfs problemlos möglich.

A) 2.9 Vitamin C (Ascorbinsäure) – der Tausendsassa unter den Vitaminen

Die empfohlene tägliche Zufuhr für Vitamin C liegt zwischen 75 und 100 mg. Wie die Deutsche Gesellschaft für Ernährung (DGE) festgestellt hat, ist die Bevölkerung in unserem Land gut mit Vitamin C versorgt.

1 Kiwi oder 1 Glas Orangensaft (ca. 200 ml) decken den Tagesbedarf eines Erwachsenen und von der *Camu-Camu-Frucht* (wächst in den Quellgebieten des Amazonas und enthält über 2000 mg Vitamin C in 100 g) benötigen Sie sogar nur 5 g!

Den Tagesbedarf von etwa 100 mg Vitamin C erhalten Sie z. B. mit:

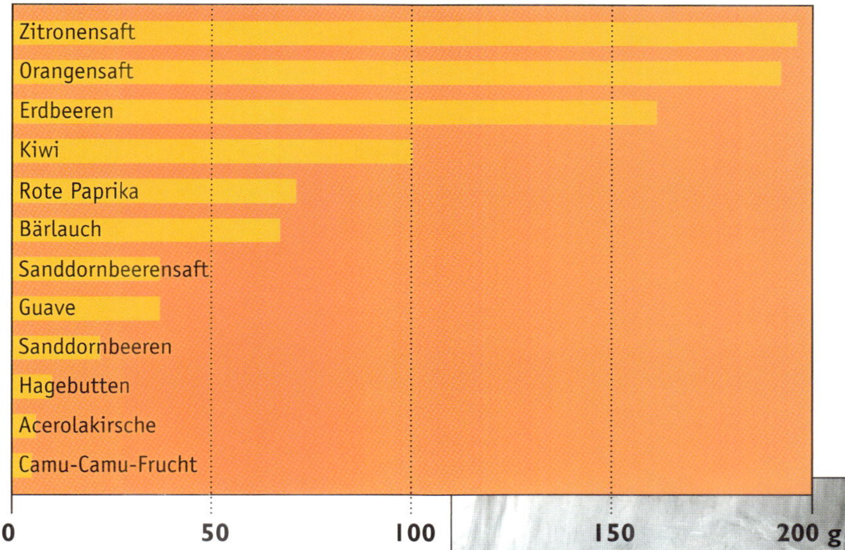

Fazit: Täglich frisches Obst und Gemüse essen, immer mal wieder rote Paprika. Letzteres insbesondere, wenn Gegrilltes, Hawaitoast u.ä. verzehrt wird (schützt vor krebserregenden Nitrosaminen). Auch bei hoher Stressbelastung oder bei Gefahr einer Erkältung sollten Vitamin-C-reiche Nahrungsmittel gegessen werden. Besser als künstliches Vitamin C ist die natürliche Zufuhr des Vitamins durch eine abwechslungsreiche Mischkost. Tabletten und Pülverchen mit künstlichem Vitamin C sollten der Verschreibung durch den Arzt überlassen bleiben. Eine natürliche Alternative ist *Acerolakirsche* und die *Camu-Camu-Frucht*.

Sie erhalten Camu-Taler im Reformhaus

Bilder: Dr. Grandel

Die Camu-Camu-Frucht aus dem Regenwald ist bislang der Weltmeister der natürlichen Vitamin-C-Produktion: 2000 mg in 100 g!

I. B) Mineralstoffe – welche und wie viel brauchen wir?

Sie haben nun gesehen, dass Sie bei fast allen Vitaminen oft nur sehr wenig von einem Nahrungsmittel essen müssen, um Ihren Tagesbedarf zu decken – und dies zeigen neue Analysen. Mehr Informationen zu Vitamingehalten in Lebensmitteln finden Sie in meinem „Multi-Vitamin-Kochbuch", erschienen beim Verlag Neumann-Neudamm.

Also bei den Vitaminen kann man nicht von *ausgelaugten Böden* sprechen und folglich auch nicht von geringen Vitamingehalten in Lebensmitteln. Aber vielleicht ist das bei den Mineralstoffen der Fall? Im folgenden erhalten Sie dafür genauere Informationen:

B) I Die Mengenelemente

B) 1.1 und 1.2 Natrium und Chlorid

Da wir täglich etwa12 g Kochsalz (chemisch als Natriumchlorid, abgekürzt NaCl bezeichnet) zu uns nehmen, liegt die Natrium- und Chloridzufuhr etwa doppelt so hoch wie empfohlen. Durch die hohe Salzzufuhr, die auch dank des vermehrten Verzehrs von *Fertiggerichten* eher wächst statt fällt, kommt es bei einer ausgewogenen gemischten Kost kaum zu einer Unterversorgung. Empfohlen wird für Erwachsene 2–3 Gramm Natrium bzw. 3–5 g Chlorid (nachfolgend in Klammern angegeben).

2 g Natrium (ca. 3 g Chlorid) erhalten Sie mit

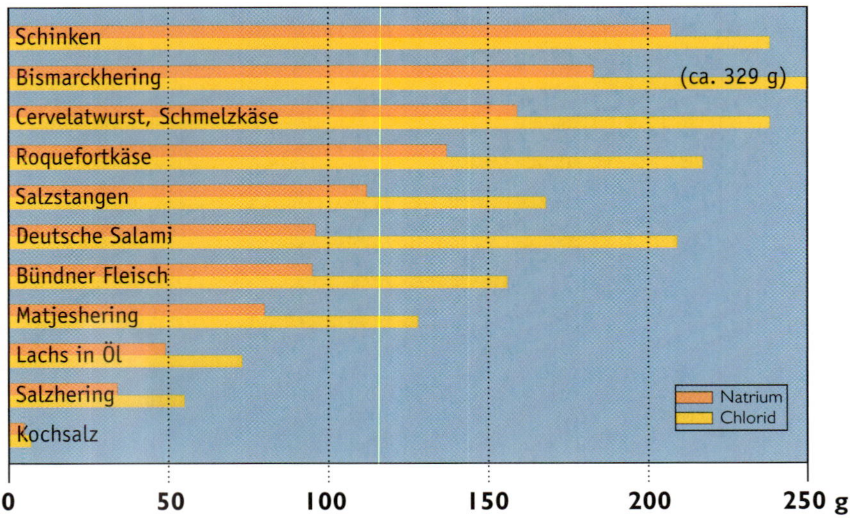

Fazit: Bei Natrium und Chlorid sollten Sie eher darüber nachdenken, wie Sie den Verbrauch einschränken können.

B) 1.3 Kalium

Die Aufnahmeempfehlungen für Kalium liegen bei 2–3 g pro Tag. Fast alle pflanzlichen und auch viele tierische Lebensmittel enthalten Kalium. Infolgedessen kann die empfehlenswerte Zufuhr ohne Schwierigkeiten erreicht werden.

2 g Kalium erhalten Sie mit:

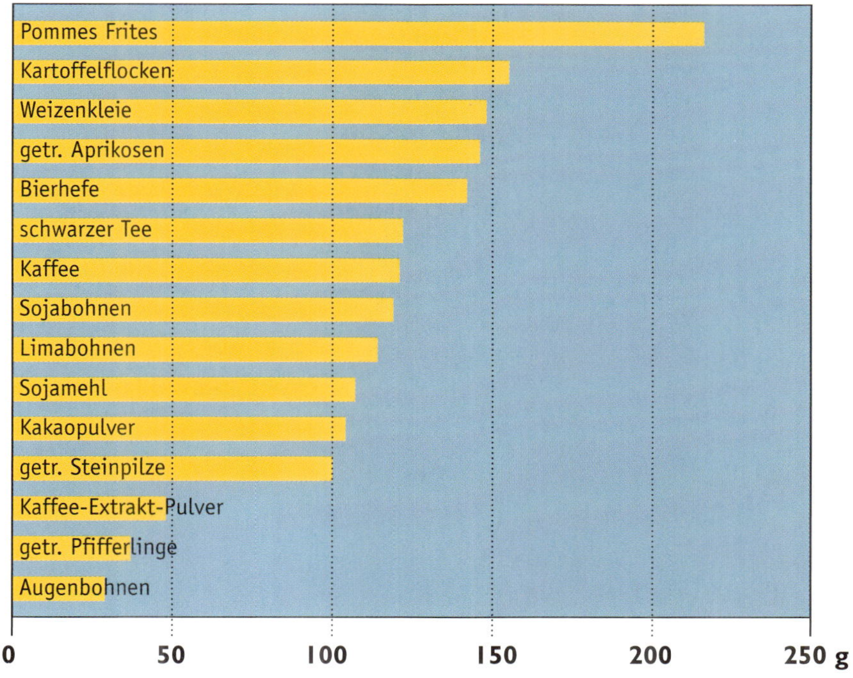

Fazit: Auch über Kalium brauchen Sie sich keine Gedanken zu machen – man deckt seinen Bedarf problemlos mit der üblichen Kost.

B) 1.4 Kalzium

Die wünschenswerte Zufuhr von Kalzium ist nicht so leicht festzulegen, da die Aufnahme von bestimmten Nahrungsmittelinhaltsstoffen gefördert bzw. gehemmt wird. Es muss daher neben anderen Faktoren insbesondere der Phosphorgehalt der Kost berücksichtigt werden. Ein Verhältnis von 1:1 Kalzium/*Phosphat* (natürliche Verbindung aus Phosphor und Sauerstoff) bzw. weniger *Phosphat* als Kalzium ist optimal.

Die übliche hohe *Phosphat*aufnahme und ein Kalzium-*Phosphat*-Verhältnis der üblichen Kost von 1:2 in Zusammenhang mit der unbefriedigenden Kalziumversorgung wird als kritisch eingeschätzt, da auf diese Weise dem *Osteoporose*-Risiko Vorschub geleistet wird.

Um Ihnen die Auswahl für Lebensmittel mit optimalem Kalzium- und *Phosphat*gehalt zu erleichtern, finden Sie im folgenden Diagramm *Phosphat* und Kalzium gemeinsam aufgeführt. Dann können Sie ganz leicht erkennen, welche Lebensmittel das optimale Verhältnis aufweisen.

In 100 g der für die Kalziumversorgung optimalen Lebensmittel finden Sie folgende Kalzium- und *Phosphat*gehalte (1 g Kalzium entspricht dem Tagesbedarf):

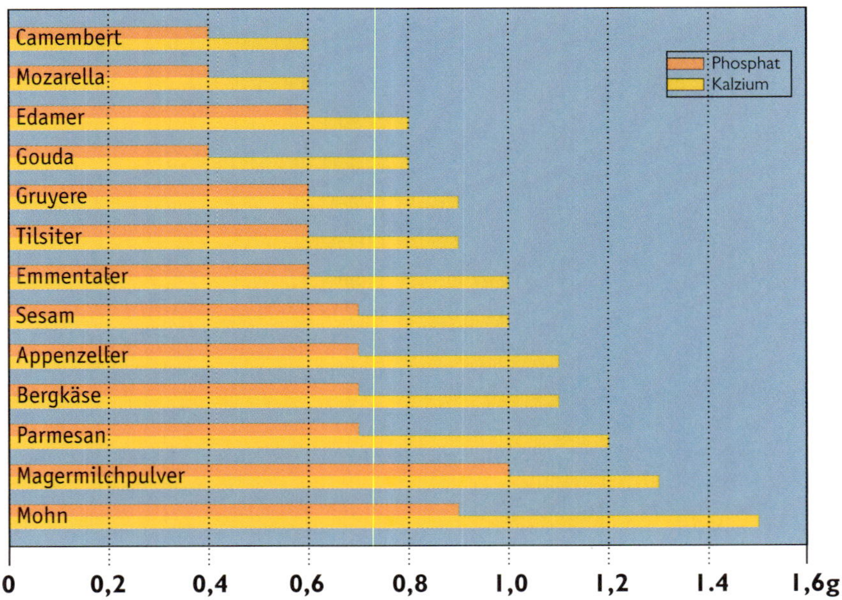

Fazit: Auf eine ausreichende Kalziumzufuhr sollten Sie achten und insbesondere Lebensmittel mit ungünstigem *Phosphat*-/Kalziumverhältnis vermeiden. Wie Sie jedoch am hohen Kalziumgehalt in Käse, anderen Milchprodukten etc. gesehen haben, decken etwa 100 g Hartkäse den Tagesbedarf. Es ist im Grunde überhaupt kein Problem, sich ausreichend mit Kalzium zu versorgen. Die natürliche Form in Käse wird sogar besser aufgenommen als die künstliche Variante in Form von Kalziumpräparaten.

B) 1.5 Phosphor

Erwachsene benötigen etwa 700 mg Phosphor am Tag. Nahrungsbedingte *Mangelerscheinungen* treten nie als *Phosphat*mangel allein auf, da *Phosphat* in nahezu allen Lebensmitteln enthalten ist. Durch den hohen Verzehr an Fleisch und seinen Produkten wird eher zuviel als zu wenig Phosphor aufgenommen.

Phosphate, d. h. das Phosphorsalz mit Sauerstoff, werden in der industriellen Lebensmittelherstellung gerne künstlich als Zusatzstoffe eingesetzt. Die Einsatzgebiete sind beispielsweise die Stabilisierung der Käsemasse bei der Schmelzkäseherstellung (Schmelzsalz) oder die Verbesserung des Wasserbindungs- und Safthaltevermögens bei Fleisch und Wurstwaren (s. mein Buch „Essen ohne Risiko" vom Umschau-Verlag 2002: „Profitin – oder: Die Kunst der Erzeuger, Wasser in Fleisch und andere „Lebensmittel" zu verwandeln"). Das zugeführte *Phosphat* dient als sogenannte Cutterhilfe, damit das gekühlte Fleisch Wasser aufnimmt, zur Stabilisierung der Fleischfarbe, zum Verhindern des Verklumpens pulverförmiger Produkte, als Verdickungsmittel z. B. bei Puddings, zum Haltbarmachen und Aufhellen von Kartoffelprodukten (z. B. Pommes Frites), zur Verbesserung der Schlagfähigkeit von Sahne, zur Erhöhung des Wassergehaltes von Schinken und Brühwurst, zur Vermeidung von Wasserverlusten bei Fisch oder zur Regulation der Eiskristallstruktur von Speiseeis etc. etc.

Der Zusatz von *Phosphat* muss bei Fleischerzeugnissen durch die Angabe „mit *Phosphat*" kenntlich gemacht werden. Bei verpackten Lebensmitteln ist die E-Nummer in der Zutatenliste angegeben.

Reformhausprodukte des neuform-Vertragswarensortiments lassen *Phosphat* als Zusatzstoff vorsichtshalber nicht zu. Da *Phosphate* durch andere Zusatzstoffe ersetzt werden können, ist dies ein Beitrag zur Minimierung von Gesundheitsrisiken.

Fazit: *Phosphat* gehört zu den Mineralstoffen, wo man besser über Reduzierung der Aufnahme nachdenkt.

B) 1.6 Schwefel

Bei ausreichender Eiweißversorgung tritt auch kein Schwefelmangel auf, so dass hier keine Empfehlungen für eine wünschenswerte Zufuhr vorliegen. Jedoch wird Schwefel als Lebensmittel-Zusatzstoff zu manchen Lebensmitteln zugegeben, was von der Verbraucherzentrale nicht immer als unbedenklich angesehen wird (siehe „Was bedeuten die E-Nummern?", Literaturverzeichnis, siehe unter Verbraucherzentrale Hamburg).

Da Sie definitiv keinen zusätzlichen Schwefel benötigen, können Sie sich überlegen, ob Sie derartige Lebensmittel besser vermeiden (siehe auch hierzu mein Buch „Essen ohne Risiko: Bio – Die Alternative" erschienen beim Umschau-Verlag 2002).

B) 1.7 Magnesium

Bei einer üblichen Ernährung und gesunden Menschen kommt ein starker *Magnesiummangel* sehr selten vor, da der Mineralstoff in vielen Lebensmitteln enthalten ist. Außerdem reagiert die gesunde Niere auf Veränderungen der Magnesiumkonzentration sehr empfindlich und sorgt dafür, dass bei einem Mangel weniger Magnesium ausgeschieden wird.

Jedoch vermuten Wissenschaftler, dass Millionen von Menschen nur gerade eben ausreichend mit dem essentiellen Nährstoff versorgt sind. Diplom-Ökotrophologin Maier schreibt für die UGB (s. Anhang, Lexikon) dazu: „Unter normalen Lebensumständen hat das bei Gesunden keine negativen Folgen. Kritisch wird es, wenn sich der Bedarf erhöht. Bei zusätzlichen Belastungen wie Stress, Schwangerschaft oder Sport verbraucht der Körper nämlich mehr Magnesium und scheidet größere Mengen über die Nieren aus."

Außerdem weist sie darauf hin, dass es möglicherweise zu *Magnesiummangel* kommen kann, wenn man bei oder zur Verhütung von *Osteoporose* Kalzium einnimmt. Dies deshalb, da der in größeren Mengen zugeführte Mineralstoff eher aufgenommen wird.

Den Tagesbedarf von etwa 300 mg Magnesium decken Sie z. B. mit:

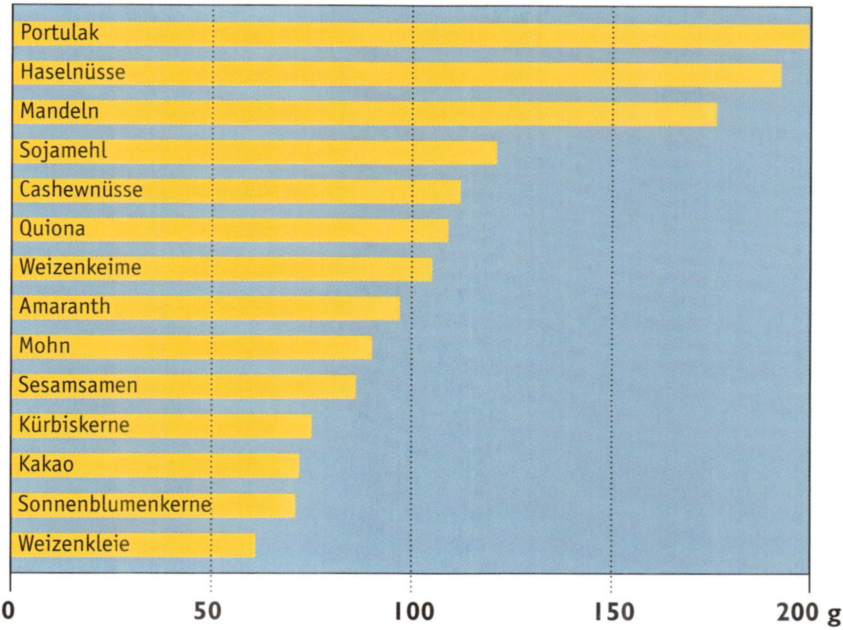

Fazit: Normalerweise erhalten Sie mit einer üblichen, abwechslungsreichen Mischkost ausreichend Magnesium. Treiben Sie jedoch viel Sport, sollten Sie auf magnesiumreiche Ernährung achten. Dies ist bei dem reichhaltigen Lebensmittelangebot mit hohen Magnesiummengen nicht schwer.

B) 2 Lebensnotwendige Spurenelemente

B) 2.1 Eisen

Da Eisen ein Baustein des Blut- und Muskelfarbstoffs ist, kommt es bei einer Unterversorgung entsprechend zur sogenannten *Blutarmut*. Schwangere Frauen sollten ihre und die Eisenversorgung des Kindes unbedingt mit ihrem Frauenarzt abklären, da schwerer *Eisenmangel* (der eigentlich auffallen sollte, s. Symptome in meinem Mineralstoff-Kochbuch) während der Schwangerschaft ein erhöhtes Risiko für Früh- und Totgeburten darstellt. Anstelle von Eisenpräparaten empfehlen Fachleute während der Schwangerschaft mehr eisenreiches Fleisch, zur besseren Aufnahme kombiniert mit Vitamin-C-reichen Lebensmitteln, zu sich nehmen.

Den Tagesbedarf von ca. 15 (Frauen) bzw. 10 mg (Männer) Eisen decken Sie z. B. mit:

Fazit: Insbesondere Frauen leiden unter einem *Eisenmangel*. Wenn Frau sich jedoch eisenbewusst ernährt und sich fit und leistungsfähig fühlt, ist die Wahrscheinlichkeit eines *Eisenmangels* nicht so groß. Falls der Arzt doch einmal einen *Eisenmangel* feststellt, sollten Sie verstärkt eisenreiche tierische Produkte zu sich nehmen – kombiniert mit Vitamin C in Form von Orangensaft, Tomaten oder ähnlichen Produkten (s. entsprechendes Diagramm bei Vitamin C). Damit sollte der *Eisenmangel* ganz natürlich zu beseitigen sein.

Bei Eisenpräparaten Vitamin C nicht vergessen – am besten es ist gleich dabei

B) 2.2 Jod

1996 fand man bei einer Untersuchung, dass weniger als 2 % der Bevölkerung in Deutschland ausreichend mit Jod versorgt waren. Durch die Änderung der Speisesalzverordnung ist dies in den letzten Jahren jedoch besser geworden und eine ausreichende Versorgung einigermaßen sichergestellt. Die wünschenswerte Höhe der täglichen Jodzufuhr (μg/Tag, μg = 1 Tausendstel mg) liegt bei Jugendlichen und Erwachsenen (13 – unter 51 Jahre) bei 200, ab 51 Jahren bei 180 μg am Tag.

Ohne Verwendung von Jodsalz liegt die tägliche Jodzufuhr über die Nahrung i. d. R. zwischen 30–70 μg Jod bei Erwachsenen, d. h. nur etwa 1/3 der wünschenswerten Zufuhr wird erreicht. Die Differenz zur Empfehlung kann über die Ernährung nur gedeckt werden, wenn regelmäßig Lebensmittel bevorzugt werden, die jodreich sind und – nach Meinung der DGE – die mit Jodsalz hergestellt werden, auch in Haushalt, Gastronomie und Gemeinschaftsverpflegung. Die Häufigkeit der Schilddrüsenvergrößerung liegt in der BR Deutschland deutlich über 10 %, das bedeutet, dass hier die *Jodmangel*krankheit *Kropf* häufig ist – auch nach Einschätzung der WHO –, vor allem in der südlichen Region, da hier die Böden besonders wenig Jod aufweisen.

Den Tagesbedarf von etwa 200 μg Jod decken Sie z. B. mit:

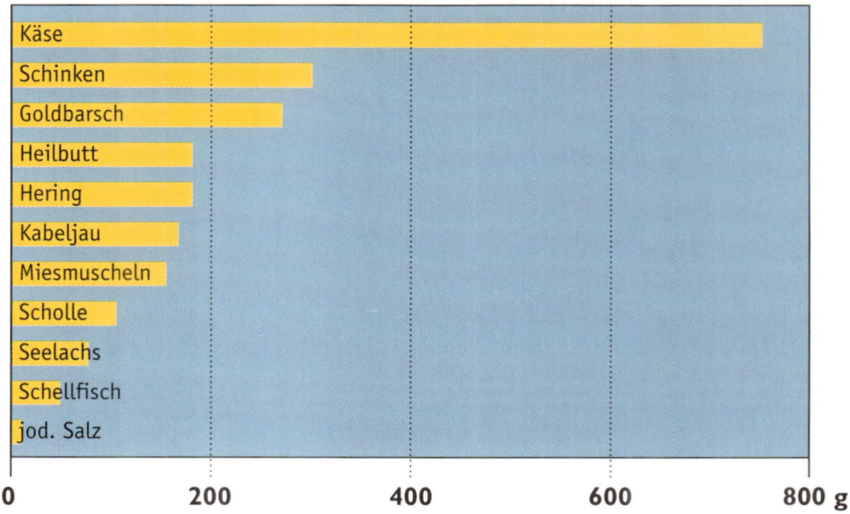

Fazit: Jod war einst ein Problem in Deutschland, v.a. im Süden. Die Folge war eine hohe Zahl an *Kropf*erkrankungen. Dieses Problem hat der Gesetzgeber nahezu vollständig beseitigt. Im übrigen hat dies die Schweiz schon vor 100 Jahren erreicht. Neben jodiertem Salz finden Sie jede Menge Lebensmittel mit einer relativ hohen Jodmenge (s. Diagramm), so dass heutzutage niemand mehr unter *Jodmangel* leiden muss.

B) 2.3 Kupfer

Normalerweise sind wir auch gut mit Kupfer versorgt, ein ernährungsbedingter Mangel ist selten, Probleme gibt es nur evtl. bei Rauchern. Erwachsene benötigen etwa 1,5–3,0 mg/Tag, der Lebensmittelausschuss der EU empfiehlt jedoch nur 1,1 mg.

Den Tagesbedarf an Kupfer decken Sie z. B. mit:

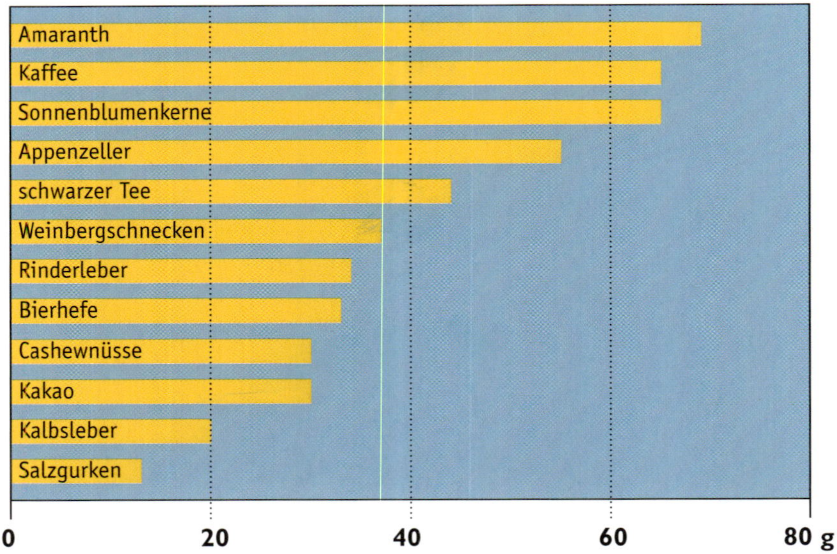

Fazit: Mit Kupfer können Sie sich leicht über ganz normale Lebensmittel versorgen.

B) 2.4 Kobalt

Kobalt ist Bestandteil von Vitamin B_{12} und wird auch gemeinsam mit ihm aufgenommen. An zusätzlichem Kobalt besteht kein Bedarf. Bezüglich Mangel siehe Vitamin B_{12}.

B) 2.5 Mangan

Die Deutsche Gesellschaft für Ernährung empfiehlt als tägliche Zufuhr 2,0–5,0 mg für Jugendliche und Erwachsene von 15–65 Jahren, was bei normaler Ernährung in Mitteleuropa gewährleistet ist.

Den Tagesbedarf von 3,5 mg Mangan decken Sie z. B. mit:

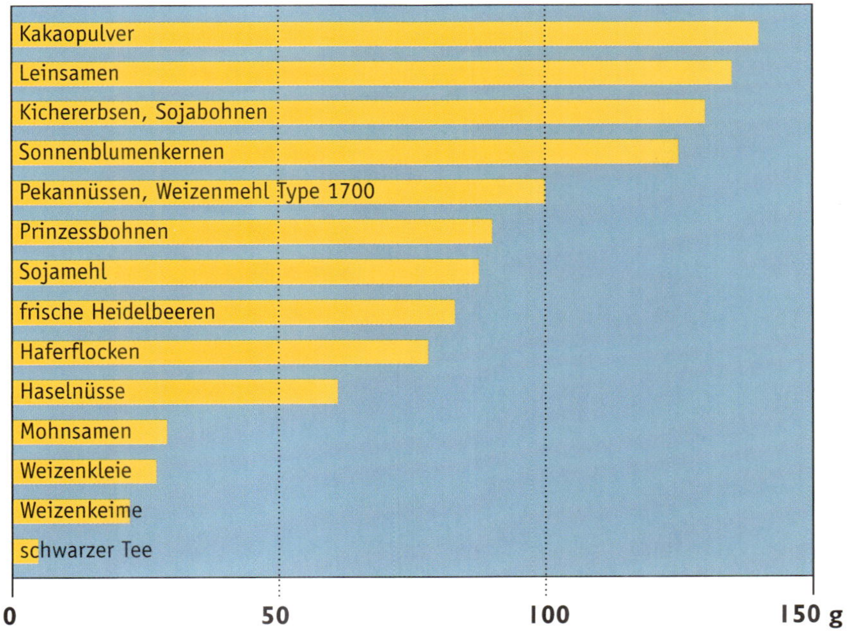

Fazit: Auch Mangan erhalten Sie ausreichend mit Ihrer normalen Ernährung.

B) 2.6 Selen

Heute empfiehlt man für gesunde Erwachsene eine Zufuhr von mindestens 55 µg pro Tag, um *Selenmangel*erscheinungen zu vermeiden. Zur Krankheitsvorbeugung findet man auch Empfehlungen von 200 µg pro Tag. Welche Zufuhr optimal wäre, ob es 100 µg sind, mehr oder weniger, müssen wissenschaftliche Untersuchungen erst zeigen. Entsprechend empfiehlt die DGE 55–100 µg pro Tag, die in der Regel auch aufgenommen werden.

Den Tagesbedarf an Selen decken Sie z. B. mit:

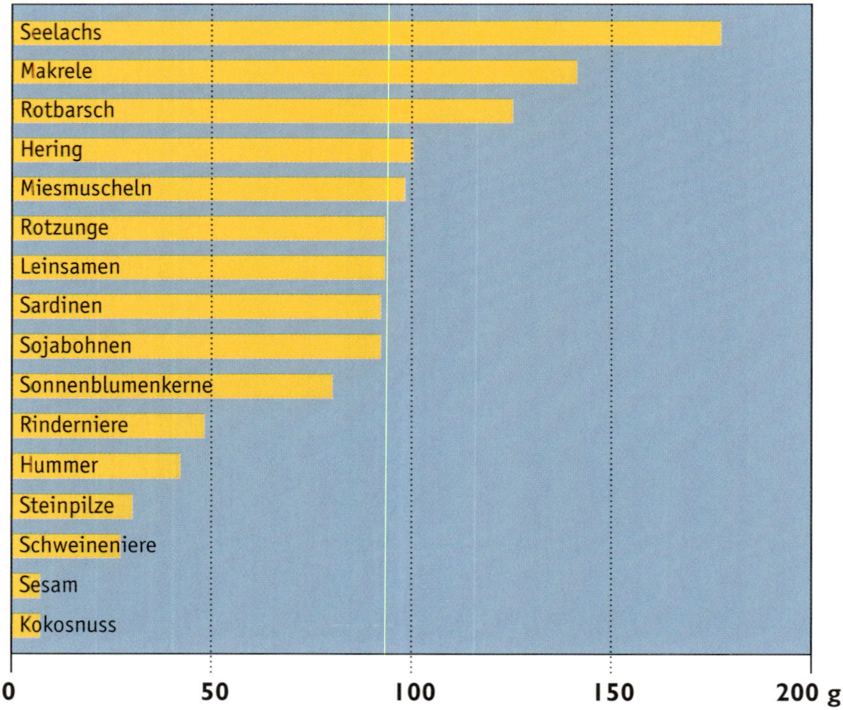

Fazit: ÖKO-TEST kam aufgrund ausreichender Zufuhr zu der Erkenntnis: „Daher gibt es keinen Grund, sich Selen über *Multivitaminpräparate* zuzuführen, zumal dieses Spurenelement in sehr hohen Dosierungen giftig ist."

B) 2.7 Molybdän

Bei Molybdän ist man sich über den genauen Bedarf noch nicht ganz einig. Empfohlen werden für Erwachsene zwischen 50 und 100 µg. Da Molybdän in vielen Lebensmitteln reichlich vorkommt, ist mit ernährungsbedingten *Mangelerscheinungen* beim Menschen nicht zu rechnen.

50 µg Molybdän finden Sie in:

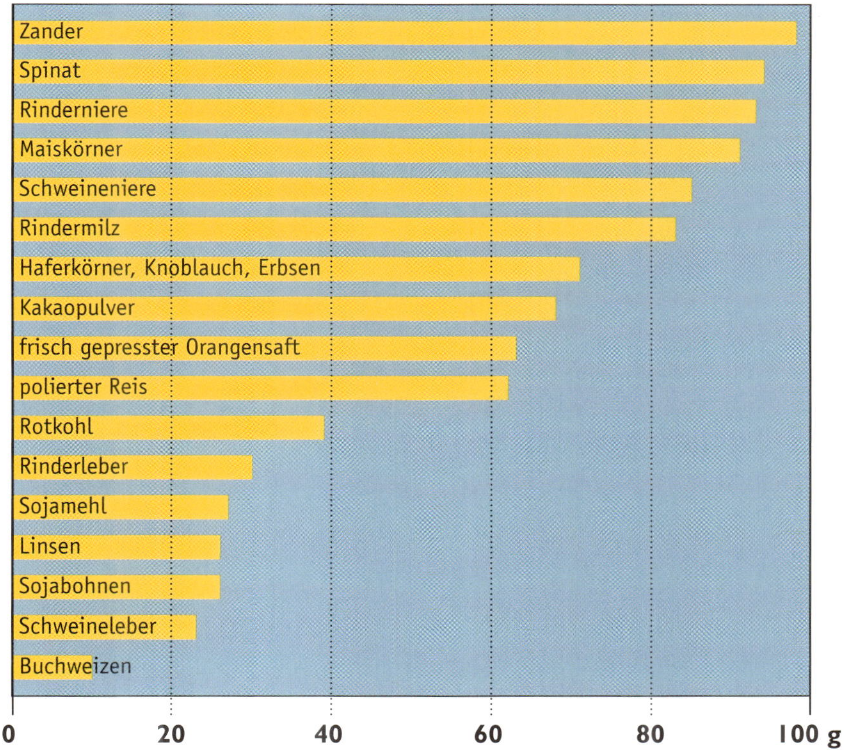

Fazit: Molybdän ist in derart vielen Lebensmitteln enthalten, dass Sie ausreichende Mengen davon mit Ihrer ganz normalen Nahrung bekommen.

B) 2.8 Zink

Bei einer Ernährung mit einem hohen Anteil an tierischen Lebensmitteln tritt ein Mangel an Zink nur sehr selten auf, wir sind gut damit versorgt. Bei uns nehmen Männer etwa 12,2 und Frauen 9,7 mg Zink pro Tag mit der Nahrung auf.

Wie viel davon benötigt wird, weiß man nicht so genau. Schätzwerte für eine angemessene Zufuhr pro Tag liegen für Jugendliche und Erwachsene bei 7–10 mg. Dabei hat die DGE (s. Anhang, Lexikon) ihre Empfehlungen für Erwachsene im Jahr 2000 von 15 auf 10 mg gesenkt (Männer 10 mg, Frauen 7 mg). Dabei muss man einschränkend hinzufügen, dass die Empfehlungen für typische, bei uns übliche Kostformen gilt, d.h. eine „gemischte Kost" mit einem bedeutenden Anteil tierischer Nahrungsmittel, aus denen Zink gut verwertet werden kann. Ob diese Zufuhr bei streng vegetarischer Kost – mit einer verminderten Bioverfügbarkeit (s. Anhang, Lexikon) des Zinks – ausreicht, wird von manchen Wissenschaftlern bezweifelt.

Den Tagesbedarf von etwa 12 mg (aus tierischen Produkten) bzw. 15 mg (aus pflanzlicher Kost) Zink decken Sie z. B. mit:

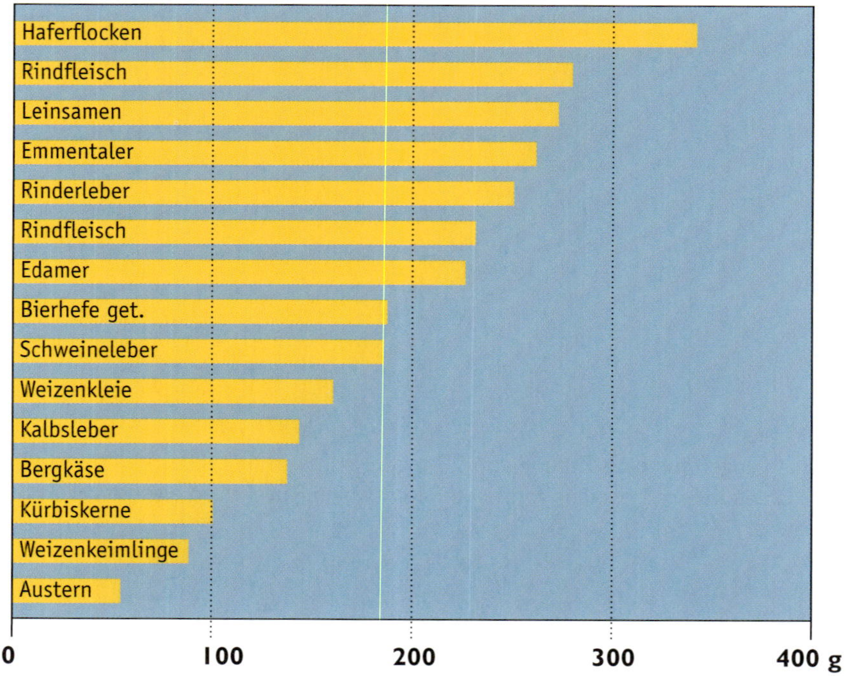

Fazit: Um Zink wird ein großes Geschrei gemacht: Mangel, Unterstützung des Immunsystems etc., etc. Wie Sie jedoch erkennen konnten, ist das unnötig. Wir sind gut mit dem Mineralstoff versorgt und viele Lebensmittel enthalten beträchtliche Mengen davon.

B) 3 Vermutlich lebensnotwendige Spurenelemente

B) 3.1 Fluor

Mangelerscheinungen konnten bei Fluor bislang nicht festgestellt werden. Dies insbesondere, da Zahnkaries von Wissenschaftlern nicht auf *Fluormangel*, sondern auf falsche Ernährung zurückgeführt wird. Dies betrifft vor allem Zucker und dessen Verweildauer an den Zähnen sowie die ausreichende Versorgung des Organismus mit Kalzium, Phosphor, Vitamin A und D – besonders während Entwicklungsperioden und Schwangerschaft.

Fazit: Die Verbraucherzentrale hält die Versorgung mit Fluor in der BRD für knapp ausreichend. Eine zusätzliche Aufnahme, z. B. zur Kariesvorbeugung ist nicht zu empfehlen – eher noch fluorhaltige Zahnpasta.

B) 3.2 Bor

Bor gilt nicht als lebensnotwendiges Element, man ist sich aber nicht sicher. Von Frauen wird täglich durchschnittlich 1,62 mg pro Tag aufgenommen, von Männern1,72 mg. Eine Aufnahme darüber hinaus wird wissenschaftlicherseits nicht angeraten.

Fazit: Über Ihre Versorgung mit Bor müssen Sie nicht nachdenken.

B) 3.3 Silizium

Wie viel Silizium man benötigt, ist nicht sicher bekannt. Vermutlich beträgt der tägliche Bedarf beim Erwachsenen 3-4 mg pro Tag. Es gibt allerdings auch Empfehlungen für eine Zufuhr von 20 mg Silizium am Tag. Diese Unterscheidung spielt jedoch bei einer gemischten Kost keine Rolle, da in diesem Falle sowieso ca. 20–50 mg/Tag aufgenommen werden, bei Vegetariern sogar 50–150 mg am Tag. Die Entfernung von Ballaststoffen aus Lebensmitteln vermindert das Siliziumangebot. Jedoch werden heute bei der Lebensmittelproduktion vermehrt Siliziumverbindungen als Antiklump- und Antischaumsubstanzen zugesetzt, so dass man von einer durchschnittlich ausreichenden Zufuhr ausgehen kann. Entsprechend wurde bisher auch kein Mangel beobachtet.

15 mg Silizium pro Tag erhalten Sie z. B. mit:

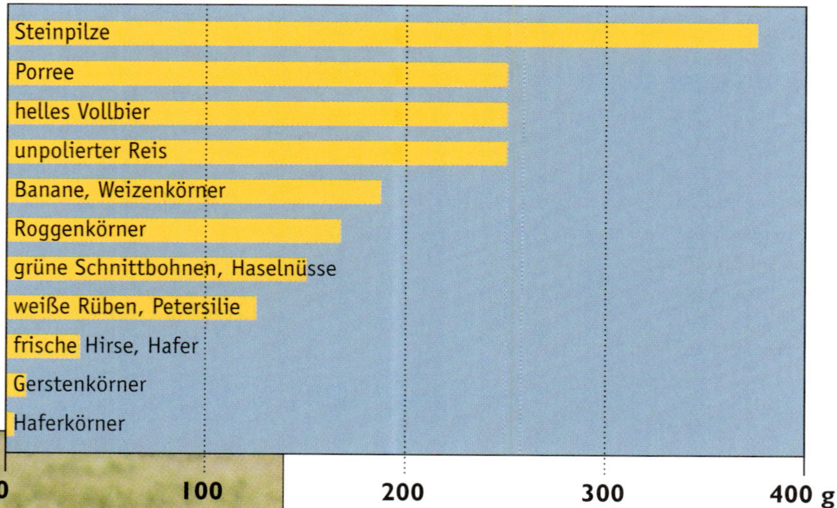

Fazit: Eine spezielle Beachtung dieses Nahrungsbestandteils ist für Ihre Gesundheit nicht erforderlich.

Hafer- und Gerstenkörner enthalten reichlich Silizium

B) 3.4 Chrom

Der Bedarf an Chrom kann nicht allgemein angegeben werden, da seine Verfügbarkeit von anderen Nahrungsbestandteilen, v. a. von Kohlenhydraten (s. Anhang, Lexikon) beeinflusst wird. Vorläufig wird eine Zufuhr von 50–200 µg (0,05–0,2 mg) Chrom pro Tag empfohlen.

Ob es überhaupt einen Chrommangel in der Bevölkerung gibt, ist nicht genau bekannt. Man vermutet, dass die Versorgung bei einer üblichen Mischkost ausreicht, insbesondere da kaum erkennbare *Mangelerscheinungen* auftreten. Infolgedessen wird Gesunden keine zusätzliche künstliche Zufuhr angeraten.

Die WHO empfiehlt nur 33 µg Chrom pro Tag. Diese Menge erhalten Sie mit:

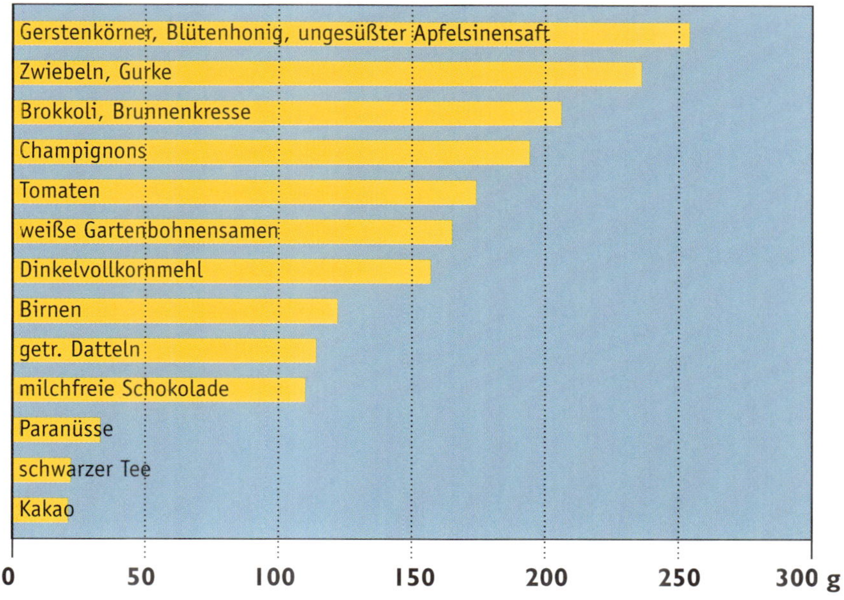

B) 3.5 Vanadium

Der Erwachsene benötigt weniger als 10 µg Vanadium am Tag. Vegetarier, die auch Milchprodukte und Eier verzehren, erhalten mehr Vanadium als Mischköstler, die täglich durchschnittlich etwa 9–36 µg aufnehmen. Im Wochenmittel verzehren fast 60 % der Frauen und 40 % der Männer weniger als 10 µg pro

Tag. Dass Männer mehr Vanadium aufnehmen, liegt an ihrem höheren Bierkonsum. Bier ist durch die Verwendung vanadiumhaltiger Stahlsorten bei der Produktion und Lagerung besonders vanadiumreich.

Fazit: Ein Vanadiummangel ist nicht zu erwarten. Man benötigt es offensichtlich in Spuren, erhält aber über die Verpackung oder andere Prozesse in der Regel genug davon.

B) 3.6 Rubidium

Den genauen Bedarf kennt man nicht, man vermutet jedoch einen Tagesbedarf von etwa 100 µg pro Tag. Erwachsene verzehren mit der üblichen Mischkost ca. 1700 µg.

Fazit: Bei dieser Aufnahme ist weder ein Mangel noch eine unerwünschte *Überdosierung* zu erwarten.

B) 4 Spurenelemente – ohne Bedeutung für den Stoffwechsel oder sogar gesundheitsschädlich

Lithium, Zinn, Nickel, Aluminium

Bei **Lithium** wird weder eine gesicherte Aufnahmemenge genannt noch weiß man, ob ein Mangel zu erwarten ist.

Die Funktion von **Zinn** im menschlichen Körper ist nicht genau bekannt. Man hat auch bislang keine lebensnotwendige Funktion dafür entdecken können, kennt daher weder einen Mindestbedarf noch Mangelzustände. Vermutlich ist es an verschiedenen chemischen Reaktionen (im Fachausdruck Redoxvorgänge genannt) beteiligt. Generell findet man es in Minimengen sowohl in tierischen als auch in pflanzlichen Lebensmitteln.

Der **Nickel**bedarf liegt vermutlich bei 50–80 µg/kg Körpergewicht, man nimmt jedoch 300–600 µg/kg täglich auf. Das ist also eher zuviel als zu wenig.

Fast unsere gesamte Nickelaufnahme (über 95 %) erfolgt über die Nahrung. Man findet beträchtliche Nickelmengen in Gemüse, Soja, Schokolade, Nüssen, Fisch und Getreidemehl (bis 1 mg/kg). Im Trinkwasser findet man dagegen kaum Nickel.

Aluminium hat in den üblicherweise im Körper vorkommenden Konzentrationen keinen Einfluss auf die Stoffwechselvorgänge in den Zellen. Es ist nicht lebensnotwendig und somit gibt es auch keine Angaben über eine empfehlenswerte Aufnahme. Auch ein Mangel ist nicht zu erwarten.

I. C) Tagesbedarf und Obergrenzen an Vitaminen und Mineralstoffen, die nicht überschritten werden sollten

Im folgenden finden Sie die Vitamin- und Mineralstoffmengen, die Sie täglich aufnehmen sollten. Man kann davon ausgehen, dass 98 % der gesunden Bevölkerung mit den angegebenen Mengen gut versorgt ist. Für jeden Einzelnen gilt, dass er/sie damit den jeweiligen Nährstoff in ausreichender Menge erhält und dass ein Mangel sehr unwahrscheinlich ist. Bleibt der- oder diejenige unter den empfohlenen Mengen, so ist zumindest bei geringfügiger Unterschreitung nicht unbedingt ein Mangel zu erwarten – er wird nur wahrscheinlicher. Dabei muss man diese Empfehlungen nicht täglich und schon gar nicht bei jeder Mahlzeit einhalten, es reicht aus, wenn die Werte innerhalb einer Woche erfüllt werden. Die Werte bieten nur eine grobe Orientierung, da der individuelle Bedarf sowieso bei niemandem bekannt ist und eine vollwertige Ernährung ein Rechnen überflüssig macht.

Wichtiger sind für Sie die aufgeführten Obergrenzen einer Einnahme von künstlichen – oder bei wenigen Nährstoffe auch natürlichen – Präparaten, sofern sie überhaupt für die tägliche Aufnahme existieren. Sie gehen zurück auf die Empfehlungen des Bundesinstituts für gesundheitlichen Verbraucherschutz und Veterinärmedizin (BgVV, jetzt BfR: Bundesinstitut für Risikobewertung) und sollten nicht überschritten werden. Dabei können wir nicht verschweigen, dass verschiedene Gremien bzw. Autoren die Obergrenzen bezüglich einer maximalen Aufnahme ohne Gesundheitsprobleme unterschiedlich sehen. Dieser Aspekt wird durch die unterschiedlichen, in wissenschaftlichen Veröffentlichungen gefundenen Konzentrationsangaben (von – bis) ausgedrückt. Bitte beachten Sie dabei die unterschiedlichen Mengenangaben (1 mg = 1000 µg).

Die Menge, die man höchstens zu sich nehmen sollte, um selbst bei langfristiger Aufnahme keine Gesundheitsschäden befürchten zu müssen, wird als sog. „Tolerable Upper Intake Level" (UL) bezeichnet, der die Gesamttagesaufnahme umfasst.

Auch das entsprechende Gremium der EU (Scientific committee for Food (SCF)) arbeitet an solchen Obergrenzen. Problematisch ist dabei die Übertragung von Tierversuchen auf den Menschen und das Vorliegen nicht ausreichender Datenmengen sowie das Fehlen von Langzeituntersuchungen. Generell bringen Konzentrationen, die die empfohlene Zufuhr für die jeweiligen Nährstoffe überschreiten, keine weiteren gesundheitlichen Vorteile. Im besten Fall reagiert der Körper mit einer erhöhten Ausscheidung bestimmter Mineralstoffe, wenn ihm zu viel davon angeboten wird.

Tabelle I C) I: Durchschnittlicher Vitaminbedarf für Erwachsene und *Kinder* pro Tag und Vitaminempfindlichkeiten: soweit bekannt, sollte die Obergrenze des jeweiligen Stoffes von Erwachsenen nicht überschritten werden, bei Kindern entsprechend weniger.

Vitaminspezies	Vitaminbedarf Erwachsener (w/m), Kinder	Obergrenze/Tag möglichst nicht überschreiten!	Maximale Tagesdosis aus Vitaminpräparaten
Vitamin A (mg Retinoläquivalente)	Kinder: 0,6–1,1 Erwachsene: 0,8/1,0	3–3000	
ß-Carotin (mg)	2–4	25	2
Vitamin D (µg)	5	20–50	
Vitamin E (mg alpha-Tocopheroläquivalent)	Kinder: 5–14 Erwachsene: 15	200–1000	36
Vitamin B_1 (mg)	Kinder: 0,6–1,4 Erwachsene: 1/1,0–1,3	50	4,8
Vitamin B_2 (mg)	Kinder: 0,7–1,6 Erwachsene: 1,2/1,2–1,5	200	5,4
Vitamin B_6 (mg)	Kinder: 0,4–1,4 Erwachsene: 1,2/1,4–1,6	100–500	6,3
Vitamin B_{12} (µg)	Kinder: 1,0–3,0 Erwachsene: 3,0	3000	9,0
Niacin (mg) Nicotinsäureamid oder Vitamin B_3	Kinder: 7–18 Erwachsene: 13/13–17	35–3000	60
Folsäure (µg)	Kinder: 200–400 Erwachsene: 400	1000	900
Vitamin C (mg)	Kinder: 50–100 Erwachsene: 100	1000–2000	225
Vitamin K (µg)	Kinder: 15–50 Erwachs.: 60–65/70–80	30000	240
Vitamin B_5 (mg) Pantothensäure	Kinder: 4–6 Erwachsene: 6	1000	18
Biotin (µg)	Kinder: 10–35 Erwachsene: 30–60	2500	300

Tabelle I C) 2: Durchschnittlicher Mineralstoffbedarf für Erwachsene und Kinder pro Tag; soweit bekannt, sollte die Obergrenze des jeweiligen Stoffes von Erwachsenen nicht überschritten werden, bei Kindern entsprechend weniger.

Mineralstoff	Bedarf Erwachsene (w/m)	Säuglinge	Kinder je nach Alter	Schwangere / Stillende	Obergrenze in der Aufnahme	Maximale Tagesdosis aus Mineralstoffpräparaten
Natrium (g)	0,55 Mindestbedarf 2–3	0,1–0,3	1–2		4	–
Kalium (g)	2–3	0,45–0,65	1–2			–
Chlorid (g)	1,7–5,1				6	–
Kalzium (mg)	1000	220–400	600–1200	1000	1500–>2500	1200
Phosphor (mg)	700	120–300	500–1250	800/900		–
Magnesium (mg)	300–310 350–400	24–60	80–300	310/390	350–700	400
Eisen (mg)	10–15/10	0,5–8	8–12; 8–15 Mädchen	30/20	20–100	5
Jod (µg)	180–200	40–80	100–200	230/260	1000	100
Zink (mg)	7/10	1	3–9,9	10/11	30–60	5
Selen (µg)	30–70	2,0–5,0	5–70	30–70	200–910	30
Kupfer (mg)	1,0–1,5	0,2–0,7	0,5–1,5	1,0–1,5	8–10	1
Mangan (mg)	2,0–5,0	0–1,0	1,0–5,0	2,0–5,0	10–20	2
Chrom (µg)	30–100	1–40	20–100	30–100	200–1000	60
Molybdän (µg)	50–100	7–40	20–100	50–100	300–2000	80
Fluorid (mg)	1					
Rubidium (µg)	ca. 100					

Kapitel II

Gibt es überhaupt Mangelerscheinungen bei uns?

Liest man Berichte über *ausgelaugte Böden*, könnte man zu der Ansicht gelangen, dass wir aufgrunddessen alle einen Vitamin- oder Mineralstoffmangel haben müssten. Wie sieht es denn tatsächlich damit aus? Leiden wir alle an *Mangelerscheinungen* – vielleicht ohne es zu wissen? Sehen wir uns dazu wissenschaftliche Meinungen oder Untersuchungen einmal genauer an: „Ein Vitaminmangel durch eine fehlende Grundnahrungsversorgung ist in unserer technologisch entwickelten Gesellschaft praktisch nicht anzutreffen", so die beiden Professores Dr. Volker Richter und Dr. Thiery vom Universitätsklinikum Leipzig. Andere Wissenschaftler, Apotheker und Ärzte bestätigen diese Meinung: In der Regel haben wir in der Bundesrepublik keinen oder allenfalls sehr selten einen Vitamin- bzw. Mineralstoffmangel. ÖKO-TEST fragte Herrn Dr. Gert Mensink, Ernährungsepidemiologe am Robert-Koch-Institut in Berlin, ob es bei uns einen Vitaminmangel gibt. Er antwortete: „Eigentlich nicht. Nach unseren Erkenntnissen liegen die Deutschen bei fast allen Vitaminen über den Empfehlungen der Deutschen Gesellschaft für Ernährung, nur bei einigen etwas darunter." Die DGE (s. Anhang, Lexikon) drückt es deutlich aus: **Deutschland ist kein Vitaminmangel-Land.**

Heutzutage geht es nicht mehr darum, der Vitamin-C-Mangelkrankheit Skorbut oder Rachitis vorzubeugen, die man bei Gesunden in unseren Regionen nicht mehr beobachtet. Heute geht es bei Vitaminen eher darum, Krankheiten wie Krebs, Herzinfarkt und Schlaganfall etc. (s. mein Multi-Vitamin- und Mineralstoff-Kochbuch) vorzubeugen. Dies belegen verschiedene Studien. Na also: Kein Problem in Sicht.

Die Ursache für einen Vitamin- und Mineralstoffmangel in den sog. zivilisierten Ländern, d.h. in Ländern, in denen keine Unterernährung vorliegt, beruht vorwiegend auf **Unkenntnis, Gleichgültigkeit, unzeitgemäßen Ernährungsgewohnheiten, falscher Nahrungszubereitung und mangelnder Kaufkraft.** Selten jedoch liegt eine organische Störung vor. Außerdem sind viele der heutigen Lebensmittel so stark verarbeitet, dass nur noch ein Bruchteil des ursprünglichen Gehaltes an Vitaminen und Mineralstoffen verblieben ist. Eine fettarme Kost zum Beispiel enthält auch wenig fettlösliche Vitamine. Laut Umfragen essen 10–15 % der Männer weniger als einmal pro Woche Obst und

Gemüse – und das obwohl dies **sogar 5-mal am Tag** empfohlen wird. Da braucht man sich über zu wenig Vitamin C nicht zu wundern.

Was man heutzutage tatsächlich beobachten kann, ist eine Unterversorgung mit einzelnen Vitaminen. Das heißt, dass manche nicht die „empfohlene Zufuhr" oder den „Schätzwert für eine angemessene Zufuhr" erreichen.

Dabei darf man nicht vergessen, dass der Körper reagiert, wenn er zu wenig oder auch zuviel von einem Vitamin erhält: er nimmt es verstärkt oder verringert, mit besonderer oder geringerer Aktivität aus der Nahrung auf. Dies ist für diverse Vitamine und Mineralstoffe nachgewiesen. So hat man z. B. festgestellt, dass eine Einnahme mit der 100fachen Dosis des täglichen Vitamin-E-Bedarfs nur zu einem 2–4fachen Anstieg der Vitamin-E-Konzentration im Blut führt. Das heißt: ein höheres Angebot sorgt dafür, dass das Vitamin nur unvollständig aufgenommen wird. Dazu kommen die teilweise erheblichen Vitamin- und Mineralstoffspeicher, die eine akribische tägliche Einhaltung der Referenzwerte für den jeweiligen Nährstoff überflüssig machen.

Bei welchen Vitaminen und Mineralstoffen kennt man überhaupt Mangelerscheinungen?

In der Regel ist die Versorgung eines gesunden Erwachsenen bei gemischter, vollwertiger Kost unproblematisch mit den Vitaminen A, D, K, Ubichinon, Vitamin B_1 (Thiamin), B_2 (Riboflavin), B_6 (Pyridoxin), B_{12} (Cobalamin), C (Ascorbinsäure), Niacin und Pantothensäure.

Bild: Dr. Pandalis

Für Vitamin E gibt es viele natürliche Quellen

Folsäure gehört zu den sogenannten *„kritischen" Vitaminen*, d. h. hier kann durchaus ein Mangel vorliegen. Besonders Frauen mit Kinderwunsch müssen auf ausreichende Zufuhr achten und die entsprechenden folsäurereichen Lebensmittel genießen (s. Teil I dieses Buches und mein „Multi-Vitamin-Kochbuch"). Neuerdings soll auch Vitamin E ein Problem sein, jedoch kann man seinen Bedarf ganz leicht auf natürliche Art und Weise decken (s. Teil A dieses Buches)

Bei folgenden **Mineralstoffen** haben gesunde Erwachsene keine Versorgungsprobleme: Natrium, Chlorid, Kalium, Phosphor, Schwefel, Zink, Kupfer, Kobalt, Mangan, Selen, Molybdän, Fluor, Bor, Chrom, Silizium, Vanadium und Rubidium. Über Lithium, Zinn, Nickel, Aluminium und Wismuth liegen sowieso keine zuverlässigen Daten vor, da *Mangelerscheinungen* nicht bekannt sind.

Leicht über Lebensmittel zu erreichen ist die nötige Kalzium-, Magnesium- und Eisenzufuhr, aber darauf sollte man auch wirklich achten. Mit entsprechenden Lebensmitteln ist das nicht weiter schwer (s. wieder Teil I). So meint Stefan Weigt von der UGB: „Am sinnvollsten ist es, leeren Eisenspeichern mit einer gezielten Ernährung vorzubeugen." Eine ausreichende Jodversorgung erreicht man über jodiertes Speisesalz und die Verwendung von Jodsalz bei Grundnahrungsmitteln wie Brot, Wurst und Käse, sowie dem wöchentlichen Genuss von Meeresfisch.

„*Jodmangel*bedingte Krankheiten sind vermeidbar, wenn ausschließlich Jodsalz verwendet wird", sagt Prof. Dr. Helmut Erbersdobler, Präsident der Deutschen Gesellschaft für Ernährung e. V. (DGE). „Von dieser vorbeugenden Maßnahme profitieren über 99 Prozent der Bevölkerung."

Auch den Selenbedarf, der außerdem bei der Vorbeugung von Krankheiten wie Arteriosklerose, Rheuma, Krebs etc. eine Rolle spielt, kann man leicht über Nahrungsmittel decken (s. Teil I und mein Mineralstoff-Kochbuch).

Wer könnte ernsthaft von Vitamin- oder Mineralstoffmangel betroffen sein?

Wie Sie nun wissen, kann sich ein gesunder Mensch auch heutzutage mit ganz normalen Lebensmitteln ausreichend mit Vitaminen, Mineralstoffen und Spurenelementen versorgen.

Wenn Sie das 1. Kapitel lesen, sehen Sie, wie wenig Sie oft von einem Lebensmittel benötigen, um den Tagesbedarf zu decken. Auch einen erhöhten Bedarf, der in Sondersituationen wie Schwangerschaft oder längerer Krankheit auftritt, kann – von Ausnahmen abgesehen – über eine übliche Mischkost ausreichend Nährstoffe bieten. Anders sieht es jedoch bei Risikogruppen, bzw. erhöhtem Bedarf aus. In diesen Fällen muss man auf die Vitaminzufuhr – zumindest von speziellen Nährstoffen dieser Art – besonders achten, bzw. es müssen zusätzliche Vitamine zugeführt werden. Zu diesen Gruppen gehören folgende:

Säuglinge:

In der Regel erhält der Säugling fast alle benötigten Vitamine und Mineralstoffe über die Muttermilch bzw. Säuglingsnahrung.

Vitamin D: Jedoch erhalten *Säuglinge* nach gegenwärtigem Stand der Forschung bei uns in der Regel nicht genug Sonnenlicht, um ausreichend Vitamin D bilden zu können. Daher wird von der Deutschen Gesellschaft für Kinderheilkunde zur Rachitisprophylaxe bei gestillten und nicht gestillten *Säuglingen* die tägliche Gabe einer Vitamin-D-Tablette von 10–12 µg empfohlen. Diese Prophylaxe wird ab dem Ende der 1. Lebenswoche bis zum Ende des 1. Lebensjahres angeraten. Im 2. Lebensjahr kann diese Prophylaxe in den Wintermonaten (dann ist in unseren Breiten keine Vitamin D-Bildung durch die Sonne möglich) fortgeführt werden.

Vitamin K: Außerdem spielt der Vitamin-K-Mangel eine große Rolle, da *Säuglinge* dieses Vitamin im Gegensatz zu älteren *Kindern* und Erwachsenen nicht ausreichend mit Hilfe ihrer Darmflora bilden können. Auch die Muttermilch enthält zu wenig. Deshalb träufelt man den *Säuglingen* meist direkt nach der Geburt Vitamin K ein – damit die Blutgerinnung richtig funktioniert. Die DGE (s. Anhang, Lexikon) empfiehlt vorbeugend 3 x 2 mg Vitamin K am 1. und 5. Lebenstag sowie in der 4.–6. Lebenswoche.

Die Empfehlung der DGE, ab dem 4. Lebensmonat mit Beikost zu beginnen, kommt daher, dass der Eisen- und Vitamin-C-Bedarf des Säuglings dann durch Muttermilch allein nicht mehr gedeckt werden kann.

Frühgeborene

benötigen eine spezielle Zusammensetzung ihrer Nahrung mit entsprechenden Vitamin- und Mineralstoffzusätzen. Hier sind ebenfalls künstliche Zusätze erforderlich, die speziell für diese Gruppe hergestellt und vom Arzt empfohlen werden – je nach Gewicht und Alter des Frühgeborenen.

Schwangere und stillende Frauen:

Da man während der Schwangerschaft in der Regel mehr isst, kann der erhöhte Bedarf an Vitaminen und Mineralstoffen durch eine abwechslungsreiche, vollwertige Mischkost bei einer gesunden, normal verlaufenden Schwangerschaft (Ausnahme: Mehrlings- bzw. kurz aufeinander folgende Schwangerschaften, jugendliche und/oder untergewichtige Schwangere) sicher gedeckt werden. Besondere Probleme bestehen allerdings bei folgenden Nährstoffen:

Bild: Südsalz GmbH

Folsäure einfach würzen!

Folsäure: Nach Ansicht der DGE (s. Anhang, Lexikon) nehmen nur 25 % der Bevölkerung eine ausreichende Menge dieses Vitamins zu sich. Man weiß inzwischen, dass *Neuralrohrdefekte* (s. Anhang, Lexikon) bei Müttern mit *Folsäuremangel* in der frühen Schwangerschaft deutlich häufiger bzw. unter Folsäuregabe deutlich seltener auftreten. Durch ausreichende Folsäureaufnahme könnten in Deutschland jährlich schätzungsweise 2000 *Neuralrohrdefekte* vermieden werden. Eine Beratung durch den Arzt sollte man jedoch nicht vergessen, da man bei etwa einem Viertel der Frauen zumindest als Mitursache einen Gendefekt vermutet. Dabei sollte man bereits bei Kinderwunsch auf eine ausreichende Versorgung damit achten, da der Defekt bereits am 22.–28. Tag nach der Empfängnis entsteht und eine Schwangerschaft in der Regel erst nach dieser Zeit bekannt wird.

Man geht davon aus, dass 200 µg Folsäure zusätzlich pro Tag dieses Problem weitgehend beseitigen könnte. Dies kann man natürlicherweise schaffen (s. Konzentrationsangaben der verschiedenen Lebensmittel bei Folsäure in Teil I). Aber auch die Zufuhr von 400 µg Folsäure wird empfohlen – da wird es schon schwieriger, diese Menge mit der normalen Nahrung zu erreichen. Allerdings empfiehlt es sich, vor künstlicher Zufuhr zu überprüfen, ob ein Vitamin-B_{12}-Mangel vorliegt, da die Gabe hoher Folsäuremengen einen Vitamin-B_{12}-Mangel verschleiern kann (s. mein „Multi-Vitamin-Kochbuch“).

Frauen, die sich vollwertig ernähren, werden keine künstlichen Vitamine zu sich nehmen wollen. Brigitte Neumann vom Europäischen Institut für Lebensmittel- und Ernährungswissenschaften (EU.L.E.) meint, dass *Neuralrohrdefekten* eine Stoffwechselstörung der Mutter zu Grunde liege, die nur einen Bruchteil der Schwangeren betreffe. Deshalb könne man eine erhöhte Folsäurezufuhr nur im Einzelfall vertreten. Hier bietet sich ein Kompromiss an: Lassen Sie Ihren Folsäurestatus vom Arzt ermitteln. Wenn Ihre Versorgung gut ist, essen Sie Lebensmittel mit hohem Folsäuregehalt, damit die Konzentration während der Schwangerschaft nicht absinkt. Bei einem Mangel wird der Arzt ein Präparat empfehlen.

Vitamin D: Der Vitamin-D-Gehalt der Muttermilch hängt auch von der Sonnenbestrahlung der Mutter während der Schwangerschaft ab. Daher tut ein Sonnenbad in den Sommermonaten (im Winter ist in unseren Breiten keine Vitamin-D-Bildung möglich) – mit entsprechenden Vorsichtsmaßnahmen gegen einen Sonnenbrand – Mutter und Kind gut.

Kalzium: Eine kalziumreiche Ernährung während Schwangerschaft und Stillzeit (leicht natürlicherweise zu erreichen, s. Teil I) verhindert eine verminderte Knochendichte beim Neugeborenen.

Magnesium: Auch auf eine optimale Magnesiumversorgung sollte man während der Schwangerschaft achten. Der Bedarf ist erhöht, da es vermehrt ausgeschieden wird. Die zukünftige Mutter kann dann nächtliche *Muskelkrämpfe* bekommen. Da es Studien gibt, die auf ein erhöhtes Krankheits- und Sterberisiko des Neugeborenen bei *Magnesiummangel* hinweisen, sollte man unbedingt auf eine ausreichende Zufuhr achten. Sollten die *Muskelkrämpfe* nicht nachlassen, sprechen Sie mit dem Arzt über eine medikamentöse Gabe von Magnesium.

Eisen: Einen *Eisenmangel* sollte man vermeiden, um eine Frühgeburt, einen spontanen Abort, eine erhöhte Sterblichkeitsrate und ein geringeres Geburtsgewicht zu verhüten. Um dies zu vermeiden, hilft Ihnen wieder die entsprechende Liste eisenreicher Lebensmittel im Teil I dieses Buches und mein Mineralstoff-Kochbuch. Der Frauenarzt sollte auch darauf hinweisen und den Eisenspiegel kontrollieren. Die empfohlene tägliche Aufnahme von 30 mg Eisen erreicht man am besten durch eine gemischte Kost mit tierischen und pflanzlichen Eisenquellen. Dabei sollte man den gleichzeitigen Verzehr von Vitamin-C-reichen Lebensmitteln nicht vergessen, damit man den Mineralstoff überhaupt in ausreichenden Mengen aufnehmen kann.

Der erhöhte Bedarf während der Schwangerschaft wird von Kritikern gern in Frage gestellt. Viele Schwangere haben niedrige Eisenspiegel und daraus folgerte man, dass sie mehr Eisen benötigen.

Bild: Südsalz GmbH

Marken-Jod-Salz mit wertvollem Zusatz

Brigitte Neumann vom „Europäischen Institut für Lebensmittel und Ernährungswissenschaften“ (EU.L.E.) glaubt jedoch, dass die Abnahme des Eisengehalts im Blut bei Schwangeren eine „natürliche Reaktion ist, die die Mutter vor Infektionen schützen soll. Nach der Schwangerschaft würden die Werte automatisch wieder ansteigen. „Der gesunde Körper besitzt ein großes Maß an Selbstregulation.“

Jod: Ein Problem während der Schwangerschaft stellt auch die Jodversorgung dar. Zum einen ist der Bedarf erhöht, zum anderen wird es verstärkt über den Urin ausgeschieden und geht der Mutter durch das Stillen verloren. Die Verluste müssen durch eine gezielte Jodzufuhr ausgeglichen werden (150–200 µg Jod sieht die DGE als optimal an). Auch hängt der Jodgehalt der Muttermilch vom Jodversorgungsstatus der Mutter ab. Das heißt: Der gestillte *Säugling* teilt das Risiko der *Jodmangel*versorgung mit seiner Mutter. Bei einer ausgeprägten Überfunktion der Schilddrüse kann Jod nicht verordnet werden.

Fluor: Je nach Zustand der elterlichen Zähne kann man sich überlegen, ob man seinem Kind die übliche Fluoridersatzmenge von 0,25 mg zur Karies- und Parodontoseprophylaxe geben will.

Kinder

Kinder können einen Vitamin- und/oder einen Mineralstoffmangel bekommen, wenn sie zu wenig oder kein Obst und Gemüse, kein Fleisch oder nur geringe Mengen davon verzehren sowie keine bzw. wenig Milch und Milchprodukte essen. Generell können zu geringe Nahrungsaufnahme und häufige und/oder langdauernde Infekte wie Bronchitis bis hin zur Lungenentzündung dazu führen. Auch schwerer Vitamin-B_{12}- und Vitamin-D-Mangel wurde in Familien mit alternativer Kost oder Außenseiter*diäten* in jüngster Zeit wiederholt beobachtet.

Dennoch: ist das Kind gesund, so stellt die DGE fest: „Bis heute liegen aber keine wissenschaftlichen Belege vor, dass in dieser Altersgruppe eine deutlich bedarfsüberschreitende Vitaminversorgung zu messbaren Verbesserungen körperlicher oder geistiger Leistungen führt.“ Dies gilt auch für Jugendliche bzw. einen erhöhten Bedarf während der Wachstumsphase.

Bei Jugendlichen ist in der Regel Eisen und Kalzium das Problem, vor allem bei jungen Mädchen, die sich ständig irgendwelchen *Diät*zwängen unterwerfen, um dem gängigen Schlankheitsideal zu entsprechen. Sie können dann ein Defizit an Kalzium, *Phosphat*, Eisen und Folsäure entwickeln, meint Prof. Dr. Lentze von der Unikinderklinik in Bonn.

Kalzium: Der Kalziumbedarf von 1000–1200 mg pro Tag wird bei keinem der 10- bis12-jährigen Mädchen und nur bei 12 % der Jungen erreicht. Bei 15- bis 17-jährigen Jungen steigt die Quote auf 32, bei den Mädchen auf nur 10 % an.

Vitamin D: Prof. Lentze berichtet von einem Versuch an Schweizer Jugendlichen, der gezeigt hat, dass eine Einnahme von Vitamin D während der Pubertät zu einer höheren Knochendichte geführt hat als bei Jugendlichen, die kein künstliches Vitamin D erhielten.

Ein Mangel an Vitamin D tritt bevorzugt bei dunkelhäutigen Jugendlichen und vor allem bei Mädchen auf, die sich aus religiösen Gründen verhüllen und sich nicht der Sonne aussetzen. „Die Dauer der Sonnenexposition in unseren Breiten für eine ausreichende Vitamin-D-Produktion dürfte an einem klaren Sommertag bei einer Bestrahlung des Gesichts, der Arme und Hände um **100 Minuten pro Woche** liegen. Dies ist für die oben genannten Jugendlichen nicht erfüllt", so Prof. Lentze.

Jod: Jugendliche mit einer streng vegetarischen Kostform stellen eine besondere Risikogruppe dar. *Jodmangel* kann hier nur durch künstliche Jodzufuhr ausgeglichen werden, so Prof. Lentze.

Bewegung, Kalzium und Sonne – so kann man die hauptsächlichen Bedürfnisse der Jugendlichen zusammenfassen, um *Mangelerscheinungen* zu vermeiden. Hier bilden sich bereits in der Pubertät Unterschiede zwischen den Geschlechtern heraus. „Männliche Jugendliche entwickeln eine 23% höhere Knochendichte als gleichaltrige Mädchen", so Prof. Dr. Lentze.

Hier helfen die Listen bei den jeweiligen Mineralstoffen (s. Teil I) und eine Vermeidung von *phosphat*reichen Nahrungsmitteln bzw. Cola-Getränken. Der Darm kann nicht genügend Kalzium aufnehmen, wenn er zuviel phosphatreiche Lebensmittel und Getränke erhält.

Hochbetagte und kranke ältere Menschen

„Nach aktuellen Schätzungen sind knapp 3 % der über 65-jährigen Wohnbevölkerung der Bundesrepublik Deutschland mangelernährt", so Dr. H. J. Naurath von der Geriatrischen Klinik in Neumünster. Dabei sind die Hochbetagten (über 80 Jahre) fast doppelt so häufig mangelernährt wie die 60- bis 80-jährigen. Dies bestätigt die Erkenntnisse der DGE. Sie stellte fest, dass sich die Ernährung und Vitaminversorgung jüngerer Senioren nicht wesentlich von den noch im Erwerbsleben stehenden jüngeren Erwachsenen unterscheidet. Dasselbe meint ÖKO-TEST: Man hält einen besonders hohen Vitaminbedarf von alten Menschen für ein Gerücht: „Auch für Senioren gilt: Mit einer vernünftigen Ernährung sind Sie ausreichend versorgt."

Erst bei chronisch Kranken und Hochbetagten steigt mit zunehmendem Alter z. B. wegen des reduzierten Kalorienbedarfs und Durstgefühls, auf Grund von Kau- und Schluckbeschwerden, des schlechteren Geruchs- und Geschmackssinns, des geringeren Appetits, sozialer Isolation, Rauchen etc. die Gefahr eines *Vitamin- und Mineralstoffmangels*.

Generell scheinen sich Ältere zunehmend weniger gesund zu ernähren. Warme Mahlzeiten werden zudem aufgrund der verschlechterten Kaufunktion oft systematisch weichgekocht und häufig wiedererwärmt, auch aufgrund von Einschränkungen in der Beweglichkeit (Einkaufen).

Auch nehmen alte Menschen oft mehrere Medikamente gleichzeitig ein (zwischen 2 und 10 verschiedene Präparate), die sich zum einen auf den Appetit und zum anderen generell auf den Vitamin- und Mineralienstatus des Körpers auswirken können. Sinkt die Kalorienzufuhr schließlich auf unter 1500 kcal/Tag, ist eine sicher ausreichende Bedarfsdeckung mit lebenswichtigen Mineralstoffen und Vitaminen durch den Verzehr einer landesüblichen Mischkost nur schwer möglich. Zumeist fehlt es an den Vitaminen A, B_1, B_2, B_6, B_{12}, Folsäure sowie C, bei Mineralstoffen an Eisen und Kalzium. Betroffen sind in erster Linie folgende Nährstoffe:

Vitamin B_{12}: Relativ viele über 70-jährige Menschen leiden unter einem Mangel am sogenannten „*Intrinsic factor*", der nur von einer intakten Magenschleimhaut ausreichend gebildet wird. Ursache kann z. B. eine chronische Magenschleimhautentzündung sein. Dieser Faktor wird für die Vitamin-B_{12}-Aufnahme dringend benötigt.

Wird er nicht ausreichend gebildet, kann trotz ausreichendem Angebot über die Nahrung nicht genügend von dem Vitamin über den Darm aufgenommen werden, so dass es gespritzt werden muss. Ein Vitamin-B_{12}-Mangel kann auch den Homocystein- (s. Anhang, Lexikon) und damit Cholesterinstoffwechsel beeinträchtigen.

Vitamin D und Kalzium: Alterungsprozesse sowie der Östrogenmangel nach dem Wechsel führen bei (weiblichen) Senioren zu erhöhten Kalziumverlusten über die Niere, während gleichzeitig die Kalziumaufnahme über den Darm sinkt. Außerdem führt ein Vitamin-D-Defizit, das sowohl Folge einer geringeren Sonneneinstrahlung als auch einer verminderten Fähigkeit der Haut zur Vitamin-D-Bildung im Alter ist, zu einer verschlechterten Kalziumausnutzung. Eine geringe Kalziumzufuhr führt dann nicht selten zu einem Kalziumdefizit, Knochenabbauprozessen sowie einer Erhöhung des Risikos osteoporotische Knochenbrüche zu erleiden. Um das zu vermeiden sollte man kalziumreiche Nahrungsmittel essen (s. Teil I dieses Buches). Ob das Mineral auch medikamentös zugeführt werden muss, sollten Sie mit Ihrem Arzt besprechen.

Selen: Ein *Selenmangel* beeinträchtigt die Schilddrüsenfunktion und führt zur Abnahme der Immunabwehr in den Körperzellen.

Zink: Zinkmangel bedeutet zusätzlich eine Abnahme des Geruchssinns. Eine erhöhte Zinkaufnahme reduziert die Infektionsrate älterer Menschen und verbessert die Überlebenschance bei Infektionskrankheiten. Man weiß jedoch nicht, ob ein vorhandener Zinkmangel die Ursache dieser positiven Wirkung ist oder ob ein Mehrbedarf im Alterungsprozess entsteht.

Man sollte daher im hohen Alter Müdigkeit und Abgeschlagenheit, eine Abnahme der Immunabwehr mit vermehrter Infektanfälligkeit, eine Verlängerung der Erholungszeit von Krankheiten sowie ähnliche Symptome nicht zwangsläufig auf sein hohes Alter schieben. Manches Mal kann es sich durchaus um einen Vitamin- oder Mineralstoffmangel handeln. Der Verlauf vieler Krankheiten, die im Alter verstärkt auftreten, kann mit Hilfe einer ausreichenden Vitamin- und Mineralstoffversorgung positiv beeinflusst werden. Entsprechende Vorsorge kann die Zeitspanne der Pflegebedürftigkeit vor dem Tod verkürzen und die Lebenserwartung verlängern.

Aus all diesen Gründen ist es sehr, sehr wichtig, Lebensmittel mit hoher Nährstoffdichte, d. h. mit einer hohen Konzentration an Vitaminen, Mineralstoffen und Spurenelementen zu essen. Dabei helfen die Tabellen meines Mineralstoff- und Multi-Vitamin-Kochbuches, die Lebensmittel mit hohen Vitamin- bzw. Mineralstoffkonzentrationen auflisten.

(Hoch-)Leistungssportler

Intensiver Sport stellt für den Körper einen gewissen Stress dar und erhöht den Mineralienverlust z. B. durch Schwitzen. Mit dem Schweiß werden vorwiegend Natrium und Chlor ausgeschieden. Daneben gehen kleinere Mengen an Kalium, Kalzium, Eisen, Kupfer und Zink verloren. Bei „normalen" breitensport-

Ein gutes Heilwasser pur oder als Schorle versorgt den Körper ganz natürlich mit Mineralstoffen.

lichen Aktivitäten (bis zu 1 h Sport täglich) ist der Verlust an Mineralien problemlos. Durch das aufkommende Durstgefühl nach dem Sport signalisiert der Körper ganz klar seine Bedürfnisse. Freizeitsportler können ihren Mineralienverlust durch jedes alkoholfreie und koffeinfreie Getränk (Säfte, Mineralwasser, Früchtetee, Gemüsebrühe, Molke, Kefir, Buttermilch) ausgleichen. Generell sollten Sportler eine Basisernährung mit viel Gemüse und Obst wählen. Die darin enthaltenen Nährstoffe decken den Bedarf.

Hochleistungssportler dagegen müssen auf eine ausreichende Zufuhr an Vitaminen und Mineralstoffen achten, da ihr Bedarf erhöht ist. Dies betrifft z. B. die Vitamine B_1, B_2, B_6, C und E. Grundsätzlich können auch sie ihren Vitamin- und Mineralstoffbedarf über eine ausgewogene, vollwertige Ernährung decken. Dies insbesondere, da in diesem Falle auch der Energiebedarf erhöht ist und Sportler demzufolge sowieso mehr essen – damit automatisch auch mehr Nährstoffe. Um einen Mangel zu vermeiden, sollte man etwas über seinen Vitaminbedarf wissen und dieses Wissen auch umsetzen. LeserInnen dieses Buches und meines Multi-Vitamin- sowie Mineralstoff-Kochbuches sollten damit keine Probleme haben.

Ihren Flüssigkeits- und Mineralstoffverlust können Intensivsportler in der Regel gut mit Mineralwasser ausgleichen. Dabei kann der Natriumgehalt bis zu 800 mg/l, der Kalium- und Magnesiumgehalt sollte mindestens 100 mg/l sein. Allerdings können niedrigere Kaliumgehalte eines Mineralwassers durch Mischen mit Obst- oder Gemüsesäften (kaliumreich) ausgeglichen werden. „Bei intensiven intervallartigen Belastungen hat sich die Zufuhr eines Mineralwassers mit einem hohen Anteil an Natrium-Hydrogencarbonat (mind. 2 g/l) bewährt.

Dies unterstützt das körperliche Puffersystem und kann ein „Sauer werden" der Muskulatur verzögern", so eine Informationsschrift der Siemens Betriebskrankenkasse. Die „Helenenquelle" zum Beispiel, ein Heilwasser (s. Bezugsquellen) erfüllt alle vorgenannten Bedingungen. Eine gute und preiswerte Alternative zu Sportlergetränken ist die Apfelschorle. Das erspart zudem Farb- und Geschmacksstoffe, mit denen die meisten Sportlerdrinks nach Aussage von ÖKO-TEST aufgepeppt sind.

Diättreibende, Abspeckwillige

Abspeckkuren, Stichwort „Mode*diäten*", verführen dazu, bestimmte Vitamine sowie Mineralstoffe und Spurenelemente zu vernachlässigen. Wenn die Nahrungsaufnahme **unter 1500 kcal/Tag sinkt,** ist eine genügende Vitamin- und Spurenelementversorgung nur mit speziellen Lebensmittelkenntnissen und gezielter Lebensmittelauswahl möglich. Hier helfen die kalorienarmen Rezepte meines Multi-Vitamin- und Mineralstoff-Kochbuches, die extra speziell gekennzeichnet wurden (KA = Kalorienarm). Auch in den Kapiteln I und VI (Die natürlichen Alternativen) dieses Buches finden Sie unter den entsprechenden Vitaminen und Mineralien viele Lebensmittel, die hohe Konzentrationen der wertvollen Nährstoffe enthalten. Generell ist bei Personen, die eine Reduktions*diät* durchführen, eine erhöhte Nährstoffzufuhr bei verringerter Kalorienzufuhr (also eine erhöhte Nährstoffdichte, s. Anhang, Lexikon) erforderlich, um keinen Vitamin- und Mineralstoffmangel zu bekommen. Besonders auf eine ausreichende Kalzium-, Magnesium-, Eisen-, Jod- und Zinkversorgung sollte man achten. Das heißt: Vollwerternährung, bei der der Körper mit wenig Kalorien viele Vitamine und Mineralstoffe erhält.

Alkoholiker

Durch regelmäßigen Genuss hoher Alkoholmengen reduziert sich zum einen der Appetit und dadurch auch die Nahrungs-, Mineralstoff- und Vitaminaufnahme. Zum anderen reduziert Alkohol die Aufnahme von B-Vitaminen, verschlechtert ihre Rückhaltung in der Leber und führt zu einer erhöhten Ausscheidung durch die Nieren. Dadurch verarmt der Körper allmählich an diesen Nährstoffen. Betroffen ist jedoch auch die Versorgung Vitamin A, C, D und K sowie die Zink- und Magnesiumversorgung. Generell ist Alkoholismus die häufigste Ursache für einen akuten Magnesium- oder auch Zinkmangel.

Personen, die bestimmte Medikamente einnehmen bzw. krank sind

Bei kurzzeitiger Einnahme beeinträchtigen Medikamente i. d. R. die Nährstoffversorgung nicht wesentlich. Bei ständiger Zufuhr und einer steigenden

Anzahl verschiedener Präparate erhöht sich jedoch die Wahrscheinlichkeit für einen Vitamin- und auch Mineralstoffmangel, insbesondere für Personen, die bereits ein erhöhtes Risiko haben, wie z. B. gebrechliche, ältere Menschen mit geringer Nährstoffzufuhr. Hier am besten den Arzt fragen.

Zu den Medikamenten, die die Nährstoffzufuhr beeinträchtigen, gehören z. B. bestimmte *Antibiotika*, die „Pille" sowie verschiedene Schmerz-, Schlaf- und Beruhigungsmittel. Sie können den Vitamin- und Mineralstoffbedarf erhöhen bzw. einen Mangel sichtbar machen. So steigt der Vitamin-C-Verbrauch bei Einnahme von Acetylsalicylsäure und ihrer Abkömmlinge, die z. B. bei Rheuma oder zur Blutverdünnung ständig oder gegen Schmerzen bei Bedarf verwendet werden.

Die östrogenhaltige **Antibabypille** kann die Vitaminaufnahme des Körpers verringern. Vor allem gilt dies für die Vitamine B_6, Folsäure und Vitamin B_{12} – ein entsprechender Hinweis auf der Packungsbeilage fehlt oft genug. In der Regel kann der erhöhte Bedarf über die Nahrung ausgeglichen werden, sofern man die Problematik kennt und entsprechende Lebensmittel auswählt. Letztere finden Sie im Teil I oder ausführlicher in meinem Multi-Vitamin- oder Mineralstoff-Kochbuch.

Die Behandlung mit ***Antibiotika*** beeinflusst – je nach Wirkungsspektrum – die Darmflora. Da durch die Darmbakterien einige Vitamine wie Vitamin K, Ubichinon und Biotin gebildet werden, empfiehlt es sich, im Anschluss an die Therapie Lebensmittel zu essen, die reich an diesen Vitaminen sind. Im Laufe der Zeit erholen sich die nützlichen Bakterien und die Vitamine werden mit ihrer Hilfe wieder ganz natürlich gebildet. Je nach Dauer und Intensität der *Antibiotika*einnahme wird der Arzt Ihnen eventuell sogar ein Vitaminpräparat empfehlen. Bestimmte *Antibiotika* wie z. B. Tetracycline beeinflussen zusätzlich den Kalziumbedarf.

Harntreibende Mittel betreffen den Kalium-, Kalzium-, Zink- sowie Magnesiumbedarf, Abführmittel den Kalium- und Kalziumbedarf.

Auch bei **bestimmten Erkrankungen** empfiehlt sich – zusätzlich zur entsprechenden Ernährungsauswahl – die Einnahme von *Vitamin- und Mineralstoffpräparaten* – nach Rücksprache mit dem Arzt. Dazu gehören Dialysepatienten und alle Krankheiten, bei denen entweder der Magen oder Teile des Darms entfernt werden oder diese Organe nicht mehr richtig zu einer Aufnahme beitragen können. Dazu gehören z. B. entzündliche Darmerkrankungen, Magenschleimhautentzündungen sowie ein Kurzdarmsyndrom. Auch Nierenschäden, Diabetes mellitus, langanhaltender Durchfall können zu einem Mineralstoff- bzw. Vitaminmangel führen. Wer schon vor der Erkrankung nicht optimal versorgt war, kann unter diesen Bedingungen leicht in eine Mangelsituation geraten.

Auch Patienten mit Blasenkrebs, die eine neue Blase aus ihrem Darm eingesetzt bekamen, haben Probleme, ausreichend Vitamin B_{12} aufzunehmen. Dies dadurch, dass die „neue" Blase gerade aus demjenigen Darmabschnitt entnommen wird, der für die Aufnahme von Vitamin B_{12} erforderlich ist.

Lebensmittelunverträglichkeiten oder Allergien

Milch- oder andere Lebensmittelunverträglichkeiten sowie Abneigungen gegen bestimmte Nahrungsmittel können die ausreichende Vitamin- und Mineralstoffversorgung gefährden. Kalzium wird zu über 50 % mit Milch und Milchprodukten aufgenommen. Wer sie aus der Nahrung ausschließt, reduziert den Kalziumgehalt in der Blutflüssigkeit deutlich unterhalb des Referenzbereiches für Gesunde. Auch *Allergien* gegen die verschiedensten Lebensmittelinhaltsstoffe können – wenn es der Arzt empfiehlt – die entsprechenden Präparate oder einen Umstieg auf andere Lebensmittel erforderlich machen. Mein Vitamin- und Mineralstoff-Kochbuch hilft hier, Alternativen zu finden.

Stark einseitige Ernährung

Genuss von wenig Vollkorn und Seefisch können Magnesium- und *Jodmangel* verursachen. Betroffen vom Vitamin- und Mineralstoffmangel sind hier in erster Linie alleinstehende Männer und Personen, die keine warme Mahlzeit am Tag (betrifft die B-Vitamine und Vitamin E) zu sich nehmen. Letzteres deshalb, da warme Mahlzeiten den Vorteil eines größeren Abwechslungsreichtums bieten und damit vermehrt vitamin- und mineralstoffreiche Lebensmittel verzehrt werden. Auch *Fast-Food*-Liebhaber können sich auf Dauer einen Vitaminmangel einhandeln.

Bei Personen, die sich z. B. überwiegend von belegten Broten ernähren und frisches Obst und Gemüse meiden, wird regelmäßig eine niedrige Versorgung mit Vitamin C, Folsäure und Vitamin-A-Vorstufen festgestellt. Chronische Kaffee- (koffeinhaltig) und/oder Schwarzteetrinker können einen *Eisenmangel* bekommen (oder haben).

Raucher

Rauchen verändert den Stoffwechsel. Dadurch erhöht sich der Bedarf an den Vitaminen B_1, B_6, B_{12}, C, E und Folsäure. Es ist allerdings bekannt, dass Raucher/Innen weniger Obst und Gemüse essen bzw. sie trinken weniger vitaminhaltige Obstsäfte. Jedoch könnte man auch durch eine höhere Vitaminzufuhr die Gesundheitsschäden durch Rauchen nicht kompensieren.

Aufpassen müssen Raucher bei der Einnahme von Vitamin C und ß-Carotin. Letzteres kann in hohen Dosen Lungenkrebs fördern. Auch zu hohe Dosierungen von Vitamin C sind nicht ungefährlich. „Bei Rauchern wirkt ein Zuviel an Vitamin C „prooxidativ“, erhöht also die Bildung freier Radikale (s. Anhang, Lexikon), anstatt sie zu senken“, so Hans Krautstein in der Zeitschrift „Schrot & Korn“ (siehe Anhang, Literatur).

Lange Sonnenbäder

Längere Sonnenbäder können einen höheren Vitaminbedarf verursachen. Der Grund dafür: durch erhöhte Sonnenbestrahlung werden krebsauslösende Radikale (s. Anhang, Lexikon „Radikale, freie“) erzeugt, die z. B. durch Vitamin C beseitigt oder zumindest reduziert werden können.

Stress

Der Bedarf an Vitamin C kann bei Verletzungen, Operationen, extremen psychischen Anforderungen, Infekten etc. erhöht sein. Wie hoch der Mehrbedarf ist, kann bislang jedoch niemand sagen. Es werden Dosierungen von 500 mg angewendet – die kann man durchaus mit natürlichem Vitamin C erreichen.

Bei Stress entsteht ein erhöhter Bedarf an Magnesium, der über die Nahrung ausgeglichen werden muss.

Tofu – eine natürliche und vielfältige Kalziumquelle für Veganer, Vegetarier und als alternative Köstlichkeit für Alle!

Vegetarier

Ob Vegetarier bzgl. Vitaminen und Mineralstoffen gut versorgt sind, darüber gehen die Meinungen auseinander. „Die vegetarische Ernährung kann die Versorgung mit allen Nährstoffen gewährleisten und eine gesunde Ernährung sein“, so Dr. Herwig Ditschuneit von der Medizinischen Universitätskliniken in Ulm. Dies gilt mit Sicherheit für Vegetarier, die sich mit Milchprodukten und

Eiern ernähren. Bei den strengen Vegetariern, den sog. *Veganern*, die ausschließlich pflanzliche Produkte zu sich nehmen, muss man auf die ausreichende Zufuhr von Vitamin B_{12}, B_2 und D sowie auf die ausreichende Zufuhr von Eisen, Zink, Kalzium etc. achten. Dies gilt insbesondere während Schwangerschaft, Stillzeit, Wachstumsperioden und bei allen Erkrankungen mit verminderter Zufuhr oder erhöhtem Bedarf an Nährstoffen. Wenn man die vegetarische Ernährung sorgfältig plant und vorwiegend naturbelassene Pflanzennahrung zu sich nimmt, wird auch dann eine ausreichende Zufuhr an fast allen Nährstoffen erreicht. Auch die exotischen Pseudogetreidearten Amaranth und Quinoa sorgen für eine bessere Kalzium- und Eisenversorgung (s. „Das Mineralstoff-Kochbuch"). Vitamin B_{12} findet man jedoch definitiv nur in tierischen Produkten, wozu auch Käse gehört. *Veganer* sind daher gezwungen, dieses Vitamin künstlich zuzuführen. Da es etwa 3–5 Jahre dauert, bis ein Vitamin-B_{12}-Mangel erkennbar wird, müssen *Veganer* langfristig auf ihren B_{12}-Status achten. Ein Mangel ruft schwerwiegende Erkrankungen hervor, bis hin zu MS-ähnlichen Symptomen, die nicht mehr zu beseitigen sind.

... und es gibt Tofu in Fertiggerichten – blitzschnell zubereitet

Gerade für diese Risikogruppen empfehle ich mein Multi-Vitamin- und Mineralstoff-Kochbuch. Dort erfahren Sie von den reichhaltigsten Vitamin- und Mineralstoffquellen und erhalten Rezepte, damit die lebenswichtigen Substanzen auch schmecken und Sie künstliche Präparate soweit wie möglich vermeiden können.

Fazit: In wenigen der dargestellten Fälle, besonders jedoch bei Krankheit, kann der Bedarf nicht allein durch eine vollwertige Ernährung und gezielte Auswahl vitamin- und mineralstoffreicher Lebensmittel gedeckt werden. Dann können *Vitamin- und Mineralstoffpräparate* angezeigt sein. Ein Arzt oder eine Ärztin bzw. eine qualifizierte Ernährungsberatung kann hier unter Berücksichtigung Ihrer Ernährungs- und Lebenssituation empfehlen, was wie lange in welcher Dosierung am besten einzunehmen ist, und nur der Arzt sollte auch Entsprechendes verordnen – von einer Selbstmedikation sollte man seiner Gesundheit zuliebe Abstand nehmen.

Kapitel III

Vitamin- und Mineralstoffpräparate – wirklich nötig und gesund?

Vitamine und Mineralstoffe braucht man, keine Frage, sonst funktioniert der Stoffwechsel nicht. Welche Mengen Sie davon benötigen, haben Sie in Kapitel I erfahren. Natürliche Vitamine und Mineralstoffe sind von der Natur so lecker verpackt und sicher dosiert. Muss man da wirklich zusätzlich künstliche Varianten zu sich nehmen, um gesund zu bleiben? Viele helfen den natürlichen Komponenten jedoch gerne nach – sie kaufen *Vitamin- und Mineralstoffpräparate*, die einzelne Vitamine, Mineralstoffe oder aber Mischungen davon in unterschiedlichen Konzentrationen enthalten. Sie sollen sich gesundheitsfördernd auswirken. Sicher: Tabletten sind bequemer: sie müssen nicht gewaschen, geschält, schonend behandelt werden. Sie schimmeln nicht, müssen nicht frisch sein und zur Zufuhr benötigt man nur Sekunden. Und sogar gegen Herz-Kreislauf-Erkrankungen, Fettstoffwechselstörungen und Altersbeschwerden sollen die Mittelchen helfen. Jeder fünfte Erwachsene nimmt mindestens einmal pro Woche ein Mineralstoff- oder Vitaminpräparat. Der neueste Gag ist es, ganz spezielle Bevölkerungsgruppen anzusprechen, z. B. Ausdauersportler, Gewichtheber „Frauen ab 45" oder für junge Frauen „25+".

Etwa 1,2 Milliarden Euro lassen sich die Deutschen ihren künstlichen Vitamin- und Mineralstoffschub in Form von Tabletten, Dragees, Brausetabletten, Kaubonbons, Saft oder Tropfenlösungen kosten. Gerade in den Wintermonaten sind die Tabletten heiß begehrt und verkaufen sich ausgezeichnet. Jedoch haben die meisten Präparate keinen wissenschaftlich nachweisbaren Nutzen, sieht man von den beschriebenen Mangelsituationen des vorangegangenen Kapitels einmal ab. Wer sich darüber freut – so Plusminus – sind vor allem die Pharmakonzerne.

Jedoch sollte man diese Vitamine besser in natürlicher Form zu sich nehmen:

Ernährungswissenschaftler sind sich einig, dass Obst und Gemüse Vitamine nicht nur in natürlicher, ausgewogener Mischung enthalten, sondern auch noch sogenannte sekundäre Pflanzenstoffe (s. Anhang, Lexikon), Mineralstoffe und Spurenelemente bieten. Wie die optimale Zusammensetzung aller Komponenten aussehen sollte, das weiß bislang niemand – ein eindeutiger Pluspunkt für natürliche Produkte, die immer eine Wirkstoffkombination darstellen – und möglicherweise sogar noch unentdeckte Komponenten enthalten, die sich positiv auf die Gesundheit auswirken.

Sogar die EU geht davon aus, „dass eine geeignete abwechslungsreiche Ernährung i. d. R. alle für eine normale Entwicklung und die Gesunderhaltung erforderlichen Nährstoffe in den Mengen bieten soll, die im Rahmen allgemein anerkannter wissenschaftlicher Daten ermittelt wurden und empfohlen werden."

Auch die Weltgesundheitsorganisation (WHO) meint, dass es keinen Sinn macht, Vitamintabletten zu schlucken. Sogar die Wissenschaftler dieser berühmten und geschätzten Organisation sind der Meinung, dass ihre Wirkung überschätzt wird. Ein ansonsten ungesundes Leben können sie keinesfalls ausgleichen.

Was sagt das Gesetz?

Vitamin- und Mineralstoffpräparate gelten nach dem Gesetz als Lebensmittel. Sie gehören zu den *Nahrungsergänzungsmitteln* (NEM). Ergänzung deshalb, da sie in lebensmitteluntypischer Form als Tabletten, Pulver oder Kapseln zusätzlich zu den üblichen Mahlzeiten eingenommen werden. Rechtlich gesehen ist – trotz der Darreichungsform – das Lebensmittel- und Bedarfsgegenständegesetz (LMBG) für sie zuständig und nicht das Arzneimittelrecht. Das bedeutet aber auch, dass die Hersteller weder ihre Wirksamkeit noch Unbedenklichkeit nachweisen müssen. Mit anderen Worten: Alle, die eine Gewerbeerlaubnis besitzen, können *Vitamin- und Mineralstoffpräparate* herstellen und verkaufen. Was sie dagegen nicht aufweisen dürfen, sind irgendwelche Werbeaussagen, die auf Krankheiten Bezug nehmen (§ 17 und 18 LMBG). Die Formulierung im Gesetz lautet: „Die Kennzeichnung und die Aufmachung der Werbung dürfen *Nahrungsergänzungsmitteln* keine Eigenschaften zuschreiben, die der Verhütung, Behandlung oder Heilung einer Humanerkrankung dienen und dürfen auch nicht auf solche Eigenschaften hinweisen." Nicht einmal Aussagen wie „zur Stärkung der Abwehrkräfte" sind laut Gesetz zulässig. Die Branche nutzt daher das positive Image der Vitamine. Die einzelnen Inhaltsstoffe gelten als Zusatzstoffe. Sogar Ausnahmeregelungen gibt es für nicht zugelassene Stoffe, so ÖKO-TEST. Allerdings: Was auf dem Etikett steht, muss auch drin sein. Das stellt manche Anbieter von Vitamin C vor große Probleme: Da sich dieses Vitamin im Laufe der Zeit chemisch verändert und dadurch immer weniger wird, müssen die Hersteller in der Regel überdosieren, damit auch am Ende des Haltbarkeitsdatums noch die Menge Vitamin C enthalten ist, die auf der Verpackung steht.

NEM gelten jedoch als Arzneimittel, wenn sie:

a) sehr hohe Dosierungen enthalten, das heißt bei den meisten Vitaminen mehr als das Dreifache des von der Deutschen Gesellschaft für Ernährung

(DGE) ermittelten Tagesbedarfs, bei Mineralstoffen sowie den Vitaminen A und D mehr als die einfache Dosis, und

b) sie einen medizinischen oder therapeutischen Zweck erfüllen.

In diesem Falle unterliegen Vitamin- und Mineralstofftabletten dem Arzneimittelgesetz (AMG). Dann sind sie grundsätzlich zulassungspflichtig. Ein derartiges Präparat erkennen Sie an der Registriernummer (Reg.Nr.), nicht zu verwechseln mit der PZN, einer Bestellnummer für Apotheken und der Chargen-Bezeichnung, „Ch.-B." abgekürzt. Damit kann der Hersteller jede Packung einem Produktionsort und -zeitraum zuordnen. Auch Nachweise über Wirksamkeit und Unbedenklichkeit müssen dann vorgelegt werden.

Die Grenze vom drei- bzw. einfachen Tagesbedarf dient auch dazu, möglicherweise gefährliche *Überdosierungen* zu vermeiden.

Das Problem der *Nahrungsergänzungsmittel* ist, dass bei ihnen oft ähnliche Dosierungen auftreten wie bei Arzneimitteln. Warnhinweise und Gegenanzeigen sind jedoch bei den NEM nicht vorgeschrieben. Nun soll jedoch ab 1. August 2005 eine neue Verordnung über *Nahrungsergänzungsmittel* Gültigkeit erlangen. Die bisherigen Obergrenzen für Vitamine und Mineralstoffe gelten dann nicht mehr. Es wird dann schwierig sein zu beurteilen, ab welcher zugesetzten Menge von Vitamin- und Mineralstoffverbindungen es sich eigentlich um ein Arzneimittel oder ein *Nahrungsergänzungsmittel* handelt. Die Verbraucherzentrale Bayern kritisiert an der neuesten Gesetzesänderung, dass verbindliche Höchstmengen für die erlaubten Vitamine und Mineralstoffe fehlen. Angegeben sein muss die vom Hersteller empfohlene tägliche Verzehrsmenge. Außerdem ist ein Warnhinweis anzubringen: „Die angegebene tägliche Verzehrsmenge darf nicht überschritten werden." Auch ein Hinweis darf nicht fehlen, dass NEM eine ausgewogene Ernährung nicht ersetzen sollten.

Die vorher genannte Regelung mit der drei- bzw. einfachen Dosis galt sowieso nur für deutsche Präparate. Bei ausländischen sollte man vorsichtig sein – auch wenn sie noch so preisgünstig sind – und zumindest die Anleitungen und Konzentrationen genau überprüfen. Andreas Hahn, Hochschuldozent für Ernährungsphysiologie und Humanernährung meint sogar: Wer *Nahrungsergänzungsmittel* via Internet per Mausklick aus Holland oder den USA ordere, gehe kaum kalkulierbare Risiken ein. Auch die Verbraucherzentrale ist dieser Ansicht und ergänzt: „Häufig sind darin weitere Spurenelemente enthalten, die, da sie gesundheitlich nicht unbedenklich sind, hier nicht zugelassen wurden."

Übrigens dürfen Ärzte keine *Vitamin- und Mineralstoffpräparate* verkaufen. Der Grund: Ihr Verkauf in oder auch nur über die ärztliche Praxis verstößt gegen das ärztliche Berufsrecht und außerdem gegen das „Gesetz gegen den unlauteren Wettbewerb" (UWG). Ärzte dürfen ihr berufliches Ansehen nicht für gewerbliche Zwecke nutzen. Die Ärztekammer gibt jeden Verstoß dagegen an die Wettbewerbszentrale weiter. Einige Ärzte umgehen dieses Verbot, indem sie eine Gewerbeanmeldung auf den Namen des Ehepartners oder eines anderen Angehörigen abschließen. Die Präparate werden von manchen – selbstverständlich nicht allen – Ärzten trotzdem in der ärztlichen Praxis verkauft – vorzugsweise über die Sprechstundenhilfe in einem Nebenzimmer, die derartigen Vorschriften nicht unterliegt – oder es wird zumindest die Geschäftsbeziehung mit den Patienten geknüpft. Leider berichtet die Verbraucherzentrale, dass so etwas häufiger vorkommt und die Patienten damit regelrecht geschröpft werden. Dies auch gerne deshalb, um Ertragseinbußen durch die Gesundheitsreform auszugleichen …

Braucht man Vitamintabletten, wenn man eine Erkältung hat?

Wenn es einen „erwischt" hat, sprich Viren und/oder Bakterien für eine heftige Erkältung gesorgt haben, ist man geneigt, zu Vitamin-C-Präparaten zu greifen. Tatsächlich ist der Vitamin-C-Bedarf bei (und nicht vorher!) einem Infekt um bis zum 10fachen erhöht. Hier gibt es eine natürliche Alternative: Säfte, in denen sich nicht nur natürliche Vitamine in hoher Konzentration finden, sondern auch noch Mineralstoffe und sekundäre Pflanzenstoffe (siehe Rezepte wie z. B. der „Paradiesdrink", „Orangen-Kiwi-Mix", „Erdbeer-Apfel-Drink", „A + C-Drink", „Wintertraum mit Apfeltee", „Kiwi-Winterlust", „Vitamin-C-Bowle", „Südseezauber" in meinem Multi-Vitamin- und Mineralstoff-Kochbuch). Viel vom „Erkältungsvitamin" enthalten Sanddornbeeren und ihr Saft, vor allem jedoch die *Acerolakirsche* und die *Camu-Camu-Frucht* aus dem Regenwald. Man findet beide im Reformhaus, die *Acerolakir-*

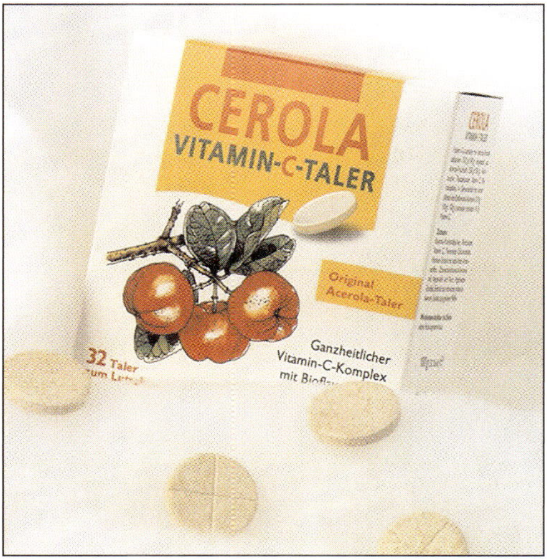

Bild: Dr. Grandel

Die *Acerolakirsche* liefert hier das natürliche Vitamin C – ganz bequem als Lutschtablette

sche auch bei Öko-Saftherstellern in Fruchtsaftcocktails. Aber auch als reiner Saft oder als Extrakt in Pulver-, Kapsel- oder Tablettenform wird die Acerola, die „hochprozentige" südamerikanische Frucht in Naturkostläden, Reformhäusern und machen Bioecken von Supermärkten angeboten, als natürliches Vitamin C.

Gibt es andere Krankheiten, bei denen Vitamin- oder Mineralstoffpräparate helfen?

Die Ökotrophologin und Geschäftsführerin des Europäischen Instituts für Lebensmittel und Ernährungswissenschaften (EU.L.E), Ulrike Gonder, meint, dass viele Hersteller die Fachliteratur vergewaltigen und mit abstrusen Begründungen ihre Präparate anpreisen. Als Beispiel führt sie Coenzym Q10 an, das bei Herzkranken vereinzelt positive Erfahrungen ergab. Daraus schließen die Hersteller, dass jeder Manager diesen Stoff benötigt. „Das Verkaufsargument, nach dem die Eigensynthese des Körpers bei Männern über 40 zurückgehe, konnten finnische Forscher nicht bestätigen. Die Ausdauerleistung der getesteten Sportler nahm mit Coenzym Q 10 sogar ab. Wie alle antioxidativen Stoffe, die freie Radikale „fangen" sollen, bewirke Q 10 in hoher Dosierung genau das Gegenteil und erzeuge die gefährlichen Substanzen gleich massenhaft", so berichtet Hans Krautstein in der Zeitschrift „Schrot & Korn" (siehe Anhang, Literatur).

Schon beinahe legendär ist der Versuch mit Beta-Carotin: Anfang der Neunziger versuchte man bei mehr als 9000 Rauchern und Asbestarbeitern mit der künstlichen Gabe dieses Provitamins und Vitamin A das Krebsrisiko zu reduzieren. Der Versuch wurde abgebrochen, da genau das Gegenteil eintrat – das Lungenkrebsrisiko nahm um 20 % und die Anzahl der Todesfälle um ein Sechstel zu. Auch eine finnische Studie an 30.000 Rauchern zeigte, dass große Mengen an künstlich zugeführtem Beta-Carotin vermehrt zu Lungenkrebs führen. Die untersuchten Raucher starben auch häufiger an Erkrankungen des Herz-Kreislauf-Systems. Nicht umsonst müssen seit Juni 2003 alle Arzneimittel und Medizinprodukte, die mehr als 20 mg Betacarotin enthalten, einen Warnhinweis für Raucher tragen.

Multivitamintabletten mit den Vitaminen A, C und E senken leider auch nicht das Risiko für Herzinfarkt, Schlaganfälle oder Krebs. Dies ergab die bislang weltweit größte Untersuchung an 20.000 Bluthochdruck- und Diabetespatienten.

Die natürliche Kombination ist wichtig!

Isoliert oder künstlich hergestellt sind Vitamine längst nicht mehr so wirkungsvoll wie in ihrer natürlichen Kombination, so die Verbraucherzentrale.

Isolierte, chemisch synthetisierte Vitamine versorgen den Körper sicher nicht mit allem, was er an Vitaminen braucht, auch wenn dies in der Werbung anders klingt. Dies insbesondere deshalb, weil vermutlich die für unsere Gesundheit wirklich wichtigen Substanzen noch gar nicht alle identifiziert sind. Ernährung und Stoffwechsel sind extrem komplexe Vorgänge, die nicht so einfach zu durchschauen sind, wie es manche Hersteller wollen. An natürliche Vitamine, die sich in ihrem natürlichen Umfeld befinden, ist der Mensch seit Jahrtausenden gewöhnt. Inwiefern sich künstliche Vitamine auf die Gesundheit auswirken werden, zeigen die nächsten Jahrzehnte. Ob man dafür allerdings als Versuchskaninchen herhalten will, muss jede und jeder für sich selbst entscheiden.

Bekannt ist jedenfalls, dass chemisch veränderte Vitamine, wie sie z. B. in *Vitaminpräparaten* verwendet werden, oft andere Wirkungen haben, als der hochdosierte Nährstoff selbst. Dazu gehören auch unerwünschte Wirkungen. Besonders bei Selbstmedikation mit nicht rezeptpflichtigen *Vitaminpräparaten* können gesundheitlich unerwünschte Wirkungen auftreten.

Hochdosierte künstliche Vitamine haben sogar zum Teil eine gegenteilige als die erwünschte Wirkung. Sogar schlechtere Ergebnisse haben sie häufig erbracht, als wenn gar keine künstlichen Vitamine genommen wurden. Viele Effekte einzelner Nährstoffe, die bereits in winzigen Mengen wirken, werden auch erst in ihrer natürlichen Kombination mit den sog. sekundären Pflanzenstoffen richtig wirksam. So ist z. B von Vitamin C bekannt, dass bestimmte, sogenannte *Flavonoide*, die Wirkung von Vitamin C verstärken, teilweise können sie sogar seine Funktion ersetzen. Diese Wirkstoffe finden Sie z. B. in Tomaten oder Äpfeln, Kirschen und Brokkoli. Zusätzlich wirken sie *krebsvorbeugend*.

Fazit: Um eine Überdosis sowie eventuelle andere nachteilige Wirkungen von *Vitamin- und Mineralstoffpräparaten* zu vermeiden und die positiven Einflüsse der anderen pflanzlichen Stoffe zusätzlich nutzen zu können (siehe Kapitel: „Vitamine sind lebensnotwendig, aber sie haben auch andere Vorteile“ in meinem Multi-Vitamin-Kochbuch), raten Ernährungswissenschaftler und viele zuverlässige Ratgeber wie z. B. die Verbraucherzentralen von Vitamin- und Mineralstoff-Präparaten ohne ärztliche Kontrolle ab. Nur anhand von Analysendaten, die teuer sind und oft genug von der Krankenkasse nicht bezahlt werden, kann unter Berücksichtigung der jeweiligen Lebens- und Ernährungssituation entschieden werden, ob ein Präparat erforderlich ist, oder ob man durch gezielte Ernährung den Mangel beheben kann. Entscheidet der Arzt, dass ein Vitamin- oder Mineralstoffpräparat erforderlich ist, so muss es sorgfältig, sowohl in der Zusammensetzung als auch in der Dosis, ausgewählt werden. Eine Garantie auf Gesundheit und die Vermeidung von Erkältungen im Winter mit Vitamintabletten zu erkaufen, ist zu einfach gedacht und auch kostspielig.

Wer gesund und fit bleiben oder werden will, muss darauf achten, dass die Gesamtbalance beim Essen stimmt und nicht nur ein einzelnes oder wenige, bestimmte Vitamine oder Mineralstoffe.

Die Ansicht, dass die Einnahme von *Vitaminpräparaten* gesund ist, kommentiert der Wissenschaftler Dr. Gunter Frank von der Health Service Group Heidelberg folgendermaßen: „Ich glaube, dass Vitamintabletten heute so die Funktion – sagen wir mal – des Talismans, des Amuletts erfüllen wie im Mittelalter – also einen unspezifischen Heileffekt hervorrufen, also einen Placeboeffekt erfüllen."

Und Dr. Bernhard Watzl, wissenschaftlicher Mitarbeiter am Institut für Ernährungsphysiologie der Bundesforschungsanstalt für Ernährung in Karlsruhe kritisiert: „Ob frisch, im Glas oder tiefgefroren, noch nie war die Ernährungssituation in Deutschland so gut wie heute." Das ganze Jahr über gibt es eine breite Auswahl an Obst und Gemüse. „Viele Bundesbürger ernähren sich dennoch bewusst falsch", kritisiert Watzl in Focus (s. Literaturverzeichnis). „Dann haben sie ein schlechtes Gewissen und greifen zu Vitaminpillen."

Biochemikerin Regina Brigelius-Flohé vom Deutschen Institut für Ernährungsforschung (DIFE) in Potsdam-Rehbrücke trifft den Nagel auf den Kopf: „Bei ausgewogener Ernährung ist es möglich, den täglichen Vitaminbedarf ohne zusätzliche Vitaminpillen zu decken." Ein Ersatz für vollwertige Ernährung sind *Vitamin- und Mineralstoffpräparate* jedenfalls nicht. Ja, Rolf Großklaus, Leiter der Fachgruppe Ernährungsmedizin beim Bundesinstitut für gesundheitlichen Verbraucherschutz und Veterinärmedizin (BgVV, jetzt BfR: Bundesinstitut für Risikobewertung) in Berlin geht noch weiter: „Oft ist dies rausgeschmissenes Geld, im günstigsten Falle werden Überdosen mit dem Urin ausgeschieden." Auch er meint: „Bei ausgewogener Mischkost sind zusätzliche Vitamin- oder Mineralstoffgaben überflüssig." Stichhaltige Belege für die Wirksamkeit von *Nahrungsergänzungsmitteln* in Form von *Vitamin- oder Mineralstoffpräparaten* gebe es jedenfalls nicht. Das gilt sowohl für *Vitamin- als auch Mineralstoffpräparate*. Auch Verbraucherzentralen sind der Meinung, dass den Kunden vorgegaukelt wird, Gesundheit kaufen zu können und sie sich bei Einnahme diverser Vitamin- und/oder *Mineralstoffpräparate* keine Gedanken mehr um die richtige Ernährung zu machen bräuchten. Wenn schon Mineralstoffe zugeführt werden müssen, dann raten die Experten zu Präparaten, die jeweils nur einen Nährstoff enthalten. Auch sie sollten nur über einen begrenzten Zeitraum und unter ärztlicher Aufsicht eingenommen werden. Wie ÖKO-TEST zu Kalzium- und Magnesiumpräparaten meint: „Auch die ‚sehr guten' Produkte sind meist überflüssig."

Kapitel IV

Künstliche Vitamine in Obstsäften, Joghurts und anderen Lebensmitteln – wem nützen sie?

Obstsäfte, Bonbons, Joghurts, Cornflakes, Brot, Gummibärchen – vielerlei normale Lebensmittel erhalten ein gesünderes Image durch die Extraportion künstlicher Vitamine und/oder Mineralstoffe. Cocktails für die Generation 50 plus, der Fitnessdrink für den Ausdauersportler, das Nahrungsergänzungspaket für den Fastenden, vitaminreiche Frühstücksflocken, Trockensuppen und Tiefkühlgemüse, Schokocreme etc. angereichert mit Vitaminen, Mineralstoffen, Omega-3-Fettsäuren usw. liegen im Trend. Gerade die als Radikalenfänger bekannten Vitamine ACE werden gerne zugegeben, erhofft sich die Kundschaft doch eine krebsverhütende Wirkung. Etwa 2/3 aller Wellnessgetränke sind heute ACE-Säfte, von denen 155 Millionen Liter im Jahr 2000 in der Bundesrepublik getrunken wurden. Nach Apfel- und Orangensäften kommen gleich die *Multivitaminsäfte* in der Beliebtheitsskala. Dazu meint ÖKO-TEST: „Doch wer regelmäßig ACE-Saft trinkt, lebt auch nicht länger als Zeitgenossen, die das nicht tun. Zu diesem ernüchternden Ergebnis kam eine britische Studie mit über 20.000 Teilnehmern im Alter zwischen 40 und 80 Jahren, die bereits an einer Herz- oder Arterienerkrankung oder Diabetes litten. Zwar hatten die ACE-Saft-Trinker mehr Vitamine im Blut, doch ihre Sterblichkeit, die Zahl der Herzinfarkte und Krebserkrankungen unterschied sich nicht von der Placebogruppe." Da ist es schon besser, den A + C-Drink aus meinem Multi-Vitamin-Kochbuch selbst zu mixen, dann hat man die Vitamine wenigstens in natürlicher Form.

Glas Nachtmann, Serie Fleurie

Kein ACE-Saft, dafür ein ABC-Saft mit natürlichen Vitaminen.

Künstliche Vitamine in Lebensmitteln

Das Immunsystem will man stärken oder generell der Gesundheit nützen – und Sünden ausbügeln. Wieder mal keine Zeit für Sport? Sportgetränke mit Mineralstoffen helfen der Fitness nach. Wieder mal total erschöpft? Zeit zum Entspannen hat man in der stressgeplagten Zeit nun wirklich nicht – zudem besonders liebenswerte PolitikerInnen immer längere Arbeitszeiten fordern. Aber schnell eine Tablette mit Magnesium hilft ja auch. Irrtum! Ernährungssünden und Gesundheitsschäden durch unsere ungesunde Lebensweise können damit leider nicht ausgeglichen werden. Es gibt Ärzte, die sogar soweit gehen zu behaupten, dass die heutigen Eltern ihre *Kinder* überleben werden.

Ständig werden neue Produkte kreiert und die vielfachen Dosierungsvarianten sind kaum noch zu übersehen. Durch den bewussten und unbewussten Genuss von mit Vitaminen angereicherten Lebensmitteln weiß man schon gar nicht, welche Dosis man täglich zu sich nimmt. „Zeit, um neue Inhaltsstoffe oder Kombinationen in wissenschaftlichen Studien zu überprüfen, gibt es in der Welt der Discountvitamine nicht", so die Zeitschrift STERN (siehe Anhang, Literatur).

Im Naturkostfachgeschäft und generell mit *Bioprodukten* – ob aus dieser Quelle, dem Supermarkt oder Reformhaus – erspart man sich wenigstens die künstliche Variante. Bei ihnen muss man sich noch nicht einmal vor Schadstoffen fürchten.

Derzeit arbeiten zwar die Gesetzgeber an Höchstgrenzen für einige *Nahrungsergänzungsmittel* in Lebensmitteln. Nach Meinung von Prof. Hans Biesalski von der Uni Hohenheim sollten jedoch besser Höchstgrenzen für Stoffe, die den Lebensmitteln direkt zugesetzt werden, eingeführt werden. Bislang müsse man sich zwar keine Sorgen machen, grundsätzlich verliere der Verbraucher aber leicht den Überblick, wenn Stoffe vielen unterschiedlichen Lebensmitteln beigemengt würden. So findet man in den ACE-Säfte häufig große Mengen an Beta-Carotin. „Wenn Sie das regelmäßig konsumieren und noch Vitamin-Kaubonbons oder andere angereicherte Lebensmittel zu sich nehmen, erreichen sie problemlos die für Raucher bedenklichen Dosen der Finnland-Studie", warnt Dr. Watzl von der BFE (Bundesforschungsanstalt für Ernährung, Karlsruhe).

Nicht einmal natürliche Auszüge aus Obst und Gemüse werden empfohlen

Nicht mal Auszüge aus Obst und Gemüse werden von Fachleuten positiv bewertet. Auch Rotweintabletten, Artischockendragees und andere Nahrungsextrakte wirken nicht so gut wie das Ausgangsprodukt, entgegen der Hoffnung von Obst- und Gemüsemuffeln. Die Verbraucherzentrale Bayern warnt sogar vor bioaktiven Stoffen aus Gemüsen, Wurzeln, Kräutern oder Algen. „Es ist nicht seriös, die Wirkung von einzelnen Substanzen in Obst und Gemüse auf die Präparate zu übertragen“, erklärt Susanne Moritz, Ernährungsexpertin bei der Verbraucherzentrale Bayern. Sie weist darauf hin, dass lediglich gesichert ist, dass bioaktive Stoffe im natürlichen Verbund eine positive Wirkung auf den Körper haben. Noch nicht ausreichend erforscht ist, wie sich bioaktive Stoffe auswirken, wenn sie isoliert aufgenommen werden. „Diese können einzeln oder in nicht natürlich vorkommender Kombination gar nicht oder völlig anders wirken und schlimmstenfalls sogar die Gesundheit beeinträchtigen“, so die Verbraucherzentrale Bayern. „Nur wenn die ganze Frucht gegessen wird, bekommen wir mit Sicherheit das komplette Spektrum an essenziellen Nährstoffen und sekundären Pflanzenstoffen“, erklärt Prof. Andreas Hahn vom Institut für Lebensmittelwissenschaft der Universität Hannover in einem Interview mit ÖKO-TEST. Generell sehen Ernährungswissenschaftler die zunehmende Vitaminisierung von üblichen Nahrungsmitteln skeptisch. Obst, Gemüse, Getreide und Milchprodukte enthalten nicht nur Vitamine und Mineralstoffe, sondern Tausende anderer Komponenten, die der Körper auch gut gebrauchen kann. Die wahllose Zufuhr künstlicher Vitamine und Mineralstoffe bringt das komplizierte Regelwerk des Körpers eher durcheinander, als dass die Gesundheit geschützt wird.

Schon seit langer Zeit kritisierte ÖKO-TEST, dass ausgerechnet das Vitamin, das am ehesten benötigt wird, kaum in den Produkten zu finden ist: die Folsäure. Gerade Vitamine, an denen kein Mangel besteht, finden sich in den vitaminisierten Lebensmitteln. Bestenfalls kann man es als Lachnummer ansehen, wenn zu Vitamin-C-reichen Lebensmitteln wie Orangensaft künstliches Vitamin C zugegeben wird. Auch Kalzium findet man in Milchprodukten, die sowieso viel von dem Mineralstoff enthalten. Das Vertrauen in die Natur ist offensichtlich an einem Tiefpunkt angelangt. Wen wundert´s, wenn man an die Skandale der letzten Jahrzehnte denkt.

Nicht vergessen darf man, dass einige Vitamine und Mineralstoffe nicht zur Vitaminisierung oder Mineralisierung zugegeben werden, sondern als Hilfsstoff: So wird ß-Carotin (Provitamin A – also die Vorstufe von Vitamin A) gern zur Gelbfärbung benutzt, Vitamin C, also Ascorbinsäure, als Schutz vor Sauerstoff bzw. zur Konservierung. Diese Mengen sollte man bewusst zur täglichen Aufnahme hinzurechnen, um keine Überdosis zuzuführen. Von 10 bis 50 % des täglichen Bedarfs reicht die Spanne, in der die lebensnotwendigen Substanzen so ganz nebenbei bereits schon von *Kindern* aufgenommen werden. Diese versteckten, künstlichen Vitamine findet man im Naturkostfachgeschäft und generell bei *Bioprodukten* nicht.

Besonders *Kinder* sind betroffen

244 mit Vitaminen oder Mineralstoffen angereicherte *Kinderlebensmittel* hat das Forschungsinstitut für *Kinderernährung* (FKE) entdeckt. Insbesondere Getreideprodukte fürs Frühstück, Süßigkeiten und Gebäck, Pausenmahlzeiten, Milchprodukte und Getränke enthalten den künstlichen Zuschuss. Vor allem künstliche B-Vitamine und Kalzium enthalten die *Kinderlebensmittel,* jedoch wurden insgesamt elf Vitamine gefunden – eine starke Leistung bei nur 14 existierenden Vitaminen. Problematisch ist dabei, dass die „Zusatzstoffe" oft hochdosiert werden und manches Mal eine Portion den Tagesbedarf für einen Nährstoff deckt. Letzteres gilt vor allem für Vitamin B_6 und Biotin. Durch die hohe Dosierung kann es bei entsprechenden Verzehrsgewohnheiten zu *Überdosierungen* und entsprechenden Gesundheitsproblemen kommen. Und überdosiert ist oft sehr schnell. Die Verbraucherzentrale fand im Herbst 2003 in einem Drittelliter ACE-Saft für *Kinder* 2 µg Vitamin B_{12}. Diese Menge entspricht bei einem neunjährigen Kind knapp der vierfachen Tagesdosis. Und dies gerade für Vitamin B_{12}, das man reichlich in tierischen Produkten findet. Frühstückszerealien (Knuspergetreide etc.) für *Kinder* unterschieden sich von denen für Erwachsene vor allem durch den höheren Zuckergehalt. Und durch die künstlichen Vitamine werden die Knuspergetreideprodukte auch nicht besser. Eine Milchschnitte enthält gemäß Angabe der Verbraucherzentrale nur einen Esslöffel Milch, aber viel Fett und Zucker – es ist eine Süßigkeit. „Auch das Verhältnis Kalziumgehalt zu Energiegehalt ist erheblich niedriger als bei klassischen Milchprodukten", so die Verbraucherzentrale. *Kinderschokolade* schneidet auch nicht besser ab. Nuss-Nugat-Cremes sollte man besser selber machen (s. Nuss-Nugat-Creme mit vielen Vitaminen in meinem Multivitamin-Kochbuch), dann kann man den hohen Fett- und Zuckergehalt reduzieren. In einer handelsüblichen Portion von 20 g fand die Verbraucherzentrale die Menge von 4 Stück (!) Würfelzucker. Also ist auch sie eine Süßigkeit.

Instantkakao oder trinkfertigen Kakao kommentiert die Verbraucherzentrale folgendermaßen: „Instantkakao und trinkfertiger Kakao enthalten – egal wie gut sie nach Schokolade schmecken – vor allem Zucker. In einer Tasse sind je nach Produkt immerhin umgerechnet die Menge von vier bis sechs Stücke Würfelzucker enthalten. Diese Tatsache können auch zugesetzte Vitamine und Mineralstoffe nicht beschönigen, auf deren Zusatz man im übrigen bei einer ausgewogenen Ernährung gut verzichten kann." Bonbons mit Vitamin- und Mineralstoffzusätzen leisten vorwiegend einen Beitrag zum Zuckerverzehr und nicht zur Vitaminversorgung. „Das Naschen wird durch die Vitaminzusätze nicht gesünder", meint die Verbraucherzentrale, und fährt fort: „Der Vitaminzusatz kann sogar dazu verleiten, *Kindern* mehr von diesen Bonbons zu geben, als man es mit herkömmlichen Bonbons tun würde." Fazit: Zur Vitaminversorgung ist ein Essen mit Gemüse, frischem Obst, Milch und Milch- sowie Vollkornprodukten sehr viel besser geeignet. Spezielle *Fertiggerichte* für *Kinder* sind oft genug so stark verarbeitet, dass ihr Vitamingehalt vermindert ist oder die wertvollen Nährstoffe zerstört sind. „Eine anschließende Anreicherung mit einzelnen Vitaminen und Mineralstoffen kann die Verluste nur z. T. ausgleichen", so die Verbraucherzentrale. Auch der oft hohe Salzanteil trägt nicht zur *Prävention* von Krankheiten im Erwachsenenalter bei. Das Urteil der Verbraucherzentrale: „Das einzige, was an *Fertiggerichten* für *Kinder* „kindgerecht" sein dürfte, ist ihre Aufmachung und Werbung."

Von Seiten der Wissenschaft hält man diese Lebensmittel für überflüssig. So schreibt der Direktor der Kinderklinik in Bonn, Prof. Dr. Michael Lentze: „Kinderärzte werden bei einem gehäuften Auftreten von Infektionen oft um die Verschreibung von Vitaminsäften gebeten. Da es nur schwer vermittelbar ist, dass diese ***Multivitaminpräparate*** **zwar nicht schaden, aber auch nichts nutzen,** kann man davon ausgehen, dass häufig zu solchen Präparaten gegriffen wird" und: „... es kann aber ... gesagt werden, dass eine zusätzliche Vitaminverabreichung in Form von *Multivitaminpräparaten* an gesunde *Schulkinder* nicht notwendig ist." Dass es nicht schadet, ist nur im besten Fall anzunehmen. Zumindest die Vitamin-A-Säure-Präparate, die gegen Akne bei jugendlichen Mädchen eingesetzt werden, können bei einer Schwangerschaft Fehlbildungen beim Kind verursachen. Andere Gesundheitsschäden bei *Überdosierung* können Sie in meinen beiden Büchern „Das Multi-Vitamin-" und „Das Mineralstoff-Kochbuch" nachlesen.

Die Gesetzeslage ist lückenhaft

Leider gibt es für Vitamin- und Mineralstoffzusätze in natürlichen Lebensmitteln keine ausreichenden Gesetze. „Anreicherungen mit den Vitaminen A und D sind danach nur in begrenzter Menge in Margarine erlaubt. Ansonsten gibt es bisher keine Höchstwerte", so ÖKO-TEST. In der Regel hält man sich an die Vorschriften zu *Vitamin- und Mineralstoffpräparaten* (s. vorheriges Kapitel). Leider darf man mit den Vitamin- und Mineralstoffzusätzen werben, wenn mit 100 ml oder 100 g Lebensmittel bzw. Verzehrsmenge (z. B. „ein Glas täglich") mindestens 15 % des Tagesbedarfs an einem Vitamin erreicht werden. Die EU will schon seit langer Zeit bessere Regeln schaffen, nur ist das bislang noch nicht geschehen. Ja man darf sogar mit den Vitaminen werben, wenn das Produkt zu süß, zu fett oder zu salzig ist.

So stellt man sich einen Multivitaminsaft eigentlich vor – mit natürlichen Vitaminen aus Obst und Gemüse.

Multivitaminsäfte

Bei den *Multivitaminsäften* stammen die Vitamine nicht nur aus den verwerteten Früchten (siehe dazu auch: Essen ohne Risiko, Bio – Die Alternative, Umschau Verlag). Und das ist nicht einmal die Schuld der Hersteller. Um die gesetzlichen Vorgaben einhalten zu können, bzw. den Saft als *Multivitaminsaft* bezeichnen zu dürfen, müssen künstliche Vitamine zugeführt werden, z. T. überdosiert, um Lagerungsverluste auszugleichen. Dies nur deshalb, weil die gesetzlich festgelegten Vitaminkonzentrationen von mindestens 15 % des Tagesbedarfs des jeweiligen Vitamins in 100 ml mit den natürlichen Ausgangssubstanzen nicht erreicht werden können! Man kann dies durchaus erkennen: es steht **„angereichert“** auf dem Etikett. Und da ÖKO-TEST künstliche Vitamine nicht als sinnvoll erachtet, weil es bekanntlich hier zu Lande keinen verbreiteten Vitaminmangel gibt, urteilte die Testinstitution bereits vor Jahren (ÖKO-TEST-Ratgeber Ökulinarisch 1/2001) über *Multivitaminsäfte* mit „nicht empfehlenswert“. Auch im neuen Test erhielten wieder die beiden Bio-Säfte aus dem Naturkostladen, die nicht einmal als *Multivitaminsäfte* bezeichnet werden dürfen, die Note sehr gut (s. „Vitamine & Mineralstoffe“ ÖKO-TEST kompakt vom Januar 2004). Die gewinnen ihre Zutaten auf natürlich Weise – und erreichen daher nicht die gesetzlich vorgeschriebenen Vitaminkonzentrationen.

Sogar eine Überdosis an Vitaminen kann man sich mit den „echten“ *Multivitaminsäften* holen – wenn man eine Flasche davon an einem Tag leer trinkt. Davon berichtete auch Plusminus im April 2002. Sie warnten, dass *Multivitaminsäfte* „nichts für nebenbei“ sind. Seine gesunde Trinkmenge sollte man damit nicht erreichen, denn ein Becher kann den gesamten Tagesbedarf eines Erwachsenen enthalten. Wenn man da nicht aufs Etikett achtet, erreicht man schnell eine Überdosis. Plusminus spricht hier von „Multivitaminpillen in flüssiger Form“. Prof. Berthold Koletzko von der Universität München warnt: „*Multivitaminsäfte* sind oft mit relativ hohen Konzentrationen an ß-Carotin angereichert, so dass man, wenn man einen ganzen Liter trinkt, deutlich über die empfohlene Zufuhr von 1–2 mg zusätzlich zur Nahrungszufuhr pro Tag kommt.“ Und wie Sie bereits wissen, sollten RaucherInnen kein isoliertes Beta-Carotin zu sich nehmen. ÖKO-TEST fand es allerdings in 14 Säften und benotete diese daher mit „mangelhaft“.

Leider können auch *Multivitaminsäfte* keine gesunde Ernährung mit viel frischem Obst und Gemüse sowie Milchprodukten ausgleichen. Nicht einmal vorbeugende Wirkung kann man ihnen nachsagen, so Prof. Günther Wolfram von der TU München.

Kapitel V

Nachteile künstlicher Vitamine und Mineralstoffe

Als Verbraucher könnte man meinen, dass der größte Teil der *Vitaminpräparate* aus Früchten und Gemüse gewonnen wird, z. B. durch Auspressen von Orangen und Zitronen. Das ist falsch: Die meisten *Vitaminpräparate* stammen aus Rohöl, Erdgas oder Kohle. Dr. Georgios Pandalis stellt seit Jahren als einer der ganz wenigen natürliche Präparate vorwiegend aus urheimischen Pflanzen her. Er meint, dass herkömmliche Nahrungsergänzungen, die er als „fiktive Arzneimittel" bezeichnet, „zu 99 % reine Chemie" sind. Man sagt dazu: sie werden „synthetisch" hergestellt. „Was an Vitaminen in Tabletten oder als Extraportion in Lebensmitteln steckt, stammt deshalb in aller Regel aus dem Labor", so Marion Schmidt in der Zeitschrift STERN spezial GESUND LEBEN, und weiter erklärt sie, dass drei Verfahren zur Herstellung der Präparate verbreitet sind:

1. Bei der biochemischen Herstellung werden Mikroorganismen (z. B. Bakterien, Hefepilze oder Algen) eingesetzt, die Vitamine bilden können und sich zudem leicht vermehren lassen. Sie geben die gesunden Stoffe in eine Nährlösung ab, die man abtrennt und aus der man die Vitamine – z. B. B-Vitamine – herauszieht.

2. Bei der Fermentation (s. Anhang, Lexikon) wird ein Stoff mit Hilfe von Enzymen (s. Anhang, Lexikon) in einen anderen Stoff umgewandelt. So gewinnt man z. B. Vitamin C aus Glukose (Traubenzucker).

3. Völlig chemisch ist das Verfahren, bei dem ein Grundstoff wie Erdöl aufgespalten und in einem mehrstufigen, komplexen Prozess eine bestimmte Substanz herausgetrennt wird, die man chemisch beispielsweise in Vitamin E umwandeln kann.

Chemisch gesehen sind die so gewonnenen Stoffe mit den Vitaminen aus Lebensmitteln identisch, meint Jörg-Thomas Mörsel, Dozent für Lebensmittelchemie an der Technischen Universität Berlin, aber wie sieht es sonst aus?

Vitamin C stammt zum Beispiel zu mehr als 90 % aus dem Chemielabor. Ein Kilo davon herzustellen kostet heutzutage etwa zehn Euro. Das ergibt 2000 Tabletten in der üblichen Dosierung von 500 mg (entsprechend einem halben Cent pro Tablette) und diese landen dann für 10 Cents bis 1 Euro im Laden.

Natürlich könnte man die gängigen Produkte auch aus natürlichem Material gewinnen, etwa Vitam n C, indem man die südamerikanische Acerola-Kirsche oder die *Camu-Camu-Frucht* auspresst, ihren Saft filtert, das reichlich enthaltene Vitamin C herausholt und das Ganze trocknet. Es gibt auch Hersteller, die das tun, z. B. Dr. Grandel, der seine Produkte im Reformhaus anbietet. Das Verfahren ist natürlich aufwändiger, damit sind die Präparate teurer und passen nicht zur gängigen „Geiz ist geil"-Mentalität, was gerade, wenn es um die Gesundheit geht, sowieso fehl am Platze ist. Auch die Naturkostbranche bietet nur natürliche und grundsätzlich keine synthetischen *Vitamin- und Mineralstoffpräparate* an.

Bild: Dr. Grandel

Acerola-Kirschen einfach auspressen und man hat viel natürliches Vitamin C

40 % der Frauen und 32 % der Männer greifen regelmäßig zu den Pillen. Dies zumeist nicht, um einen Vitaminmangel zu verhindern, sondern „weil sie hoffen, so eine möglicherweise unausgewogene Ernährung auszugleichen oder Müdigkeit und Erschöpfung entgegenzuwirken", so die Zeitschrift STERN.

Sie werden sich fragen, was denn gegen die künstlichen Präparate spricht. Es ist doch soviel einfacher am Morgen nur eine Tablette (oder mehrere im Zweifelsfall) zu nehmen und den restlichen Tag gut versorgt zu sein. Jedoch:

Chemische Synthesen haben mindestens zwei, künstliche Vitamine zusätzliche Nachteile:

1. Bei einer chemischen Herstellung können sogenannte isomere Verbindungen auftreten.

Das heißt: Bei gleicher Summenformel der Substanzen (Stoffe und ihre Verbindungen, darunter auch natürliche, werden in der Chemie mit Hilfe von Formeln dargestellt), also gleicher Anzahl und Art von Ausgangssubstanzen, können verschiedene Verbindungen entstehen, die im Körper völlig anders wirken können. Um dies zu erklären, ein ganz einfaches Beispiel: C_2OH_6 – die Formel für Alkohol – bedeutet: zwei Atome Kohlenstoff (C ist hierfür das Symbol, Kohlenstoffatome sind in allen sogenannten organischen Substanzen enthalten, da man früher glaubte, dass Kohlenstoff nur in natürlichen – also organischen – Verbindungen auftritt) und 6 Wasserstoffatome (Symbol H für Wasserstoff von engl. Hydrogen) und ein Sauerstoffatom (O für Sauerstoff, engl. Oxygen). Dabei hat der Sauerstoff viele theoretische Möglichkeiten, sich an das Kohlenstoffatom anzulagern: Jeweils an eine der vier Bindungsmöglichkeiten, an die zum einen das zweite Kohlenstoffatom und zwei Wasserstoffatome angelagert sind:

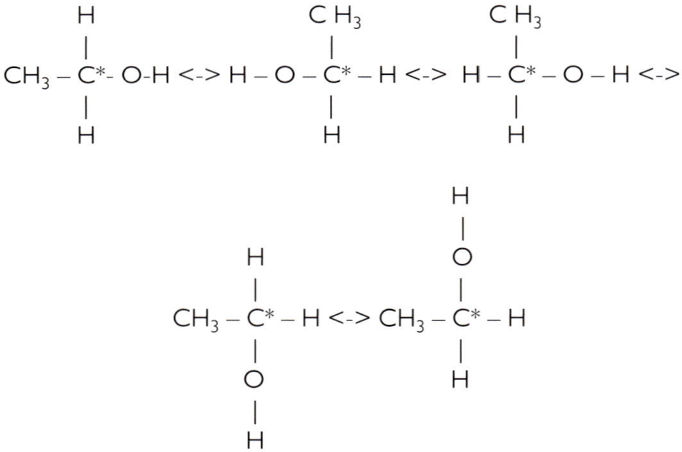

Nun, bei einer chemischen Synthese entstehen zumeist auch mehrere dieser sogenannten isomeren Verbindungen. Das bedeutet: Bei einer chemischen Synthese (Herstellung, Bildung) entstehen i. d. R. immer Mischungen mit derselben chemischen Zusammensetzung (d. h. denselben Ausgangssubstanzen). Um zu erreichen, dass bestimmte Atome an bestimmte Stellen gebunden werden, gibt es verschiedene Tricks, unter anderem werden z. B. Bakterien eingesetzt, die den gewünschten Stoff an eine Stelle bevorzugt binden. In der Regel sind diese präzisierenden Methoden teuer und werden nur für kostspielige Produkte eingesetzt, zu denen Vitamintabletten normalerweise nicht gehören.

Nun, Tatsache bleibt, dass bei chemischen Synthesen isomere Gemische entstehen können, die in dieser Form in der Natur nicht existieren. Ob das Auftreten dieser Verbindungen in *Vitaminpräparaten* selten oder gängig ist, kann man nur schwer sagen, möglich wäre es theoretisch.

Für diese These spricht eine wissenschaftlich bekannte Tatsache: Das Enzym (s. Anhang, Lexikon), das im Körper unter den vier in der Nahrung vorhandenen natürlichen Vitamin-E-Sorten genau das wirksame sogenannte Alpha-Tocopherol herausfiltert, unterscheidet auch zwischen dem natürlichen und dem künstlichen Vitamin E. Der Grund: Natürliches Alpha-Tocopherol besteht nur aus einem speziellen, sogenannten Stereoisomer (für Fachleute: RRR-Alpha-tocopherol). Künstliches oder auch als synthetisches Alpha-Tocopherol (für Fachleute: all-rac-alpha-Tocopherol sowie deren Abkömmlinge Alpha-Tocopherolacetat und alpha-Tocopherolsuccinat) bezeichnet, enthält alle 8 möglichen Stereoisomere (Kritiker können dies in dem wissenschaftlichen Werk: „Vitamine, Spurenelemente und Mineralstoffe", s. Literaturverzeichnis unter „Biesalski et al." auf den Seiten 14 f, 444 und 669 nachlesen). Die höchste biologische Aktivität hat dabei das natürliche Vitamin E.

2. Es gibt zu wenig Untersuchungen über künstliche Vitamine.

Als Beispiel für diese Aussage kann wieder Vitamin E dienen: über die Aufnahme der erwähnten Stereoisomere von Vitamin E existieren nur unzureichende, sich zum Teil widersprechende Untersuchungen. So die beiden Professores J. Thiery und V. Richter: „Zum gegenwärtigen Zeitpunkt ist es schwierig, endgültige Aussagen zur Sicherheit und Dosierung von Vitamin-E-Präparaten zu treffen, da bisher keine kontrollierten Studien über eine längerfristige hochdosierte Vitamin-E-Einnahme vorliegen." Das bedeutet wiederum, man weiß gar nicht, wie sich die ständige Zufuhr von künstlichen Vitaminen – in diesem Fall Vitamin E – auswirkt.

Ernährung und Stoffwechsel sind weitaus komplexere Geschehen, als es findige Hersteller wahrhaben wollten, so Ulrike Gonder in der Zeitschrift Schrot & Korn (liegt in Naturkostläden und Bio-Supermärkten aus): An natürliche Nahrung sei der Mensch seit Urzeiten gewöhnt. Isolierte Vitamine kennt der Mensch erst seit kurzer Zeit, und man wird sehen, welche Folgen sie haben. Ins Stoffwechselgeschehen greifen sie auf alle Fälle ein.

Manche Gegebenheiten rund um Vitamine sind einfach noch nicht gut genug erforscht, um in künstlicher Form eingenommen zu werden. Die Sprechstunde (Bayerisches Fernsehen, 18.2.03) berichtete folgendes über Vitamin E: „… der Begriff Vitamin E beinhaltet eine Gruppe von insgesamt 8 Substanzen, 4 Tocopherole – Alpha, Beta, Gamma und Delta – und 4 Tocotrienole. Wie die alle im

Bild: Dr. Grandel

Weizenkeime aus dem Weizenkorn enthalten in höchstens 100 g nicht nur den Tagesbedarf an Vitamin E, sondern auch an B_1, B_6, Folsäure, Zink, Mangan, Selen und Molybdän – und alle ganz natürlich

Organismus zusammenwirken, ist noch nicht ganz geklärt. Am besten untersucht ist bisher die aktivste Form des Vitamin E im menschlichen Organismus, das Alpha Tocopherol. Ausschlaggebend ist das Verhältnis zwischen Alpha und den anderen Substanzen im Vitamin E. Deshalb ist es am günstigsten, wenn man die gesamte Palette der E-Vitamine aus natürlichen Quellen zu sich nimmt."

Leider gibt es nur bei ß-Carotin (sogenanntes Provitamin A – also der Vorstufe von Vitamin A) eine Studie zur Langzeitwirkung künstlicher Vitamine in Megadosen. „Vielleicht kämen ja ähnliche makabre Ergebnisse heraus", mutmaßt Plusminus, „wie bei ß-Carotin". Es stellte sich heraus, dass RaucherInnen öfter an Lungenkrebs erkranken und schneller sterben, wenn Sie Megadosen dieses Vitamins einnehmen. Vor der Untersuchung nahm man an, dass dieses Vitamin vor Lungenkrebs schützt (s. Kapitel III).

Das Beispiel ß-Carotin zeigt, dass noch erheblicher Forschungsbedarf besteht, bis man wirklich weiß, ob und für wen eine langfristige Zufuhr isolierter Vitamine und Mineralstoffe in hohen Dosen überhaupt empfehlenswert ist.

Bild: Dr. Grandel

So ist auch Vitamin C als künstliche Zugabe nicht unumstritten. Ursprünglich glaubte man, dass Vitamin C fast unbedenklich eingenommen werden kann. Sogar der bekannte Nobelpreisträger Linus Pauling behauptete, dass extrem hohe Vitamin-C-Gaben Krebs verhüten und sogar oft lebensrettend sind. Jedoch erkrankte der zweifache Nobelpreisträger in hohem Alter selbst an Krebs.

Welche Gesundheitsstörungen bei einer Überdosis an Vitamin C auftreten können, konnten Sie bereits in meinem Multi-Vitamin-Kochbuch nachlesen. Aber das Vitamin verursacht möglicherweise noch andere Gesundheitsschäden. Der US-Forscher S. E. Hsieh führte Versuche mit dem Darmbakterium Klebsiella durch. Aus seinen Ergebnissen folgerte er, dass (hochdosiertes) Vitamin C spezifische Eiweißverbindungen, die mit der Nahrung aufgenommen werden, in aktive Krebsauslöser verwandelt. Der US-Vitaminexperte Victor Herbert weist auf überschießende Aktivitäten weißer Blutkörperchen (Lymphozyten) nach Einnahme dieses und von Vitamin-E-Präparaten hin. Da diese Effekte das Immunsystem dauerhaft schädigen können, fordert der US-Wissenschaftler einen Warnhinweis auf der Verpackung. Sogar Genschäden hat Vitamin C in Labortests bei hohen Konzentrationen der künstlichen Variante verursacht. Auch weitere Gesundheitsschäden sind bei künstlicher Vitamin-C-Einnahme (500 mg täglich) möglich: Nierensteine, erhöhter Cholesterinspiegel, Zerstörung von Vitamin B_{12}, Arteriosklerose, Herzinfarkt, *Osteoporose* und Gicht.

Die Verbraucherzentrale Bayern meint dazu: „Die Wirkungen einer hochdosierten Einnahme von isolierten Vitaminen, Mineralstoffen und sekundären Pflanzenstoffen sind noch nicht ausreichend erforscht."

3. Man weiß oft genug nicht, was Chemie im Körper anrichtet.

Bei künstlich hergestellten Stoffen ist man sich oft genug nicht sicher, wie sie im Körper reagieren, bzw. mit welchen anderen Substanzen, körpereigen oder nicht, sie zusammenwirken. Bei natürlichen Vitaminen und Mineralstoffen haben Sie Tests, die z. T. sogar über Millionen von Jahren „liefen" – und selbst dann können natürliche Produkte noch *Allergien* und Nahrungsunverträglichkeiten auslösen – wie ist das dann erst bei künstlich hergestellten Stoffen?

4. Künstliche Vitamine und Mineralstoffe können das Nährstoff-Gleichgewicht des Körpers durcheinander bringen.

Dr. Gunter Frank von der „Health Service Group Heidelberg" ist folgender Ansicht: „Der Körper ist ein ganz kompliziertes System. Wir haben eine Homöostase – eine Eigenregelung. Und wenn man da quasi ungezielt Einzelsubstanzen in hoher Dosierung zugibt, ... erzielt man Effekte ganz anders, als die man eigentlich haben wollte. Fazit: Also Antioxidantien, Radikalenfänger, Vitamintabletten – wie immer man es nennt – es gibt keine aussagekräftigen Belege, dass wir hier einen gesundheitlichen Nutzen haben. Ganz im Gegenteil, es gibt stichhaltige Belege, dass wir in manchen Bereichen sogar schaden damit."

Viele Mineralstoffe und auch Vitamine konkurrieren miteinander um die Aufnahme in den Körper. So kann z. B. die Einnahme von Kalzium- oder Magnesiumtabletten die Aufnahme von Eisen behindern und einen *Eisenmangel* erzeugen, warnt die Verbraucherzentrale Bayern und weiter: „Eisentabletten können wiederum dazu führen, dass zu wenig Zink, Kupfer und Mangan aus dem Darm aufgenommen wird, da sie und Eisen in der Darmschleimhaut den gleichen Transportweg benutzen."

Auch die Aufnahme von Zink wird durch zuviel Kalzium, Eisen, Selen, Kupfer und Magnesium beeinträchtigt. „Bei Multi-Präparaten, die viele verschiedene Vitamine, Mineralstoffe und sekundäre Pflanzenstoffe enthalten, sind Wechselwirkungen vorstellbar, wenn sie nicht zeitverzögert freigesetzt werden. Bisher fehlen hierzu umfangreiche wissenschaftliche Studien." Pflanzliche Lebensmittel liefern außer Vitaminen und Mineralstoffen auch Ballaststoffe und sekundäre Pflanzenstoffe (siehe Anhang, Lexikon).

Es scheint so zu sein, dass alle Wirkstoffe sich in ihrer Wirkung ergänzen und in einem Gleichgewicht zueinander stehen müssen, um ihre positiven Wirkungen auf die Gesundheit zu entfalten", so die Verbraucherzentrale Hamburg. Durch die gemeinsamen Aufnahmemechanismen wird offensichtlich der Mineralstoff bevorzugt aufgenommen, der in höheren Konzentrationen vorliegt. *Mineralstoffpräparate* können so eventuell zu einem Mangel an anderer Stelle führen. Dies hat während der Schwangerschaft Auswirkung, da eine optimale Zinkversorgung dann besonders wichtig ist. Eine Untersuchung ergab, dass bereits die kurzfristige Zufuhr von über 30 Milligramm Zink am Tag den Eisen- und Kupferstoffwechsel beeinträchtigen kann.

5. Vitamin- und Mineralstofftabletten können durch ihre Aufmachung *Kinder* gefährden.

Manche *Vitamin- und Mineralstoffpräparate* sehen aus wie Bonbons. Da sie z. B. durch den enthaltenen Süßstoff auch geschmacklich reizvoll sind, können *Kinder* dazu verleitet werden, sogar mehrere davon zu essen – und das trotz ihres geringeren Bedarfs.

6. Vitamin- und Mineralstoffpräparate können bedenkliche Hilfsstoffe enthalten.

ÖKO-TEST fand in manchen *Multivitamin-* (siehe Anhang, Literatur: ÖKO-TEST-Kompakt Vitamine & Mineralstoffe) und auch Kalzium- und Magnesiumpräparaten bedenkliche Hilfsstoffe. Dazu gehören die als Sauerstoffschutzmittel (die sog. Antioxidantien) eingesetzten Konservierungsmittel Butylhydroxyanisol (BHS) und Butylhydroxytoluol (BHT). Sie können selbst Verbindungen bilden, die krebsauslösend wirken können. „Die Stoffe reichern sich zudem im menschlichen Fettgewebe an, gelangen in den Fötus und können *Allergien* auslösen", so ÖKO-TEST. Andere Hilfsstoffe, die als Emulgatoren (siehe Anhang, Lexikon) dienen, können die Durchlässigkeit der Darmwände für Wirk- und Schadstoffe beeinflussen (sogenannte PEG/PEG-Derivate, PEG ist die Abkürzung für Polyethylenglykole und ihre Abkömmlinge). Der schleimhautreizende Hilfsstoff Natriumdodecylsulfat hilft bei der Tablettenproduktion. Nach ÖKO-TEST schädigt er Zellmembranen und reizt Haut und Schleimhäute. Auch künstliche Süßstoffe fand ÖKO-TEST in manchen Präparaten, die häufig gentechnisch hergestellt sind und dazu verleiten, „das Präparat häufiger als notwendig einzunehmen". In einem Kalziumpräparat fand ÖKO-TEST Paraffine, die zumeist aus Erdöl hergestellt werden und ein Ersatz für hochwertige pflanzliche Öle sind. Zu ihnen gehört auch die bekannte Vaseline. Von einigen dieser Substanzen weiß man, dass sie sich in Leber, Niere und Lymphknoten anreichern können. Bei einem Paraffin konnte man sogar entzündliche Reaktionen der Herzklappen feststellen.

Bild: Sanatur GmbH

Es geht auch ohne Zusatzstoffe: Spirulina zu Tabletten gepresst.

7. Künstliche Vitamine kann man leichter überdosieren.

Wie bereits mehrfach erwähnt, braucht man Vitamine und Mineralstoffe zum Leben. Das heißt aber nicht, dass sie umso gesünder sind, je mehr man davon aufnimmt. Manche Vitamine werden zwar einfach ausgeschieden, wenn die Konzentration im Körper ausreichend ist. „Bei anderen Vitaminen und Mineralstoffen kann eine Überversorgung aber durchaus mit gesundheitlichen Risiken verbunden sein", so das BfR (Bundesinstitut für Risikobewertung).

Ganz allgemein ist man der Auffassung, dass Vitamin- und auch Mineralstoffdosen über den von der DGE (s. Anhang, Lexikon) empfohlenen Werten für den gesunden Menschen keine gesundheitlichen Vorteile bringen. Die Werte, die Sie bei den einzelnen Vitaminen und Mineralstoffen als Bedarfsmenge vorfinden (s. Kapitel I C dieses Buches), gewährleisten eine angemessene und gesundheitlich unbedenkliche Vitamin- und Mineralstoffzufuhr. Die Übersichtstabellen zeigen empfohlene und Höchstmengen der Vitalstoffe auf. Die angegebenen Mengen sind nicht nur auf die Einnahme künstlicher Präparate bezogen, sondern sind ein „Insgesamt“-Wert. Das heißt: die Vitamine, die zusätzlich künstlich zugeführt werden (z. B. als Konservierungsmittel oder Antioxidans in konventionellen Lebensmitteln), müssen zu denen, die natürlich mit der normalen Kost hinzukommen, hinzugerechnet werden. Dadurch wird deutlich, dass man bei einigen Vitaminen relativ leicht die empfohlenen Mengen der DGE (s. Anhang, Lexikon) überschreitet. Für **Vitamin A** bleibt zum Beispiel keinerlei Spielraum übrig, wenn man die natürliche tägliche Zufuhr und die üblicherweise über Lebensmittelzusätze aufgenommene Menge einkalkuliert, so die Meinung des BfR (s. Literaturverzeichnis). Eine Nährstoffzufuhr wird im allgemeinen erst bedenklich, wenn sie ein Mehr- oder Vielfaches der Referenzwerte beträgt. Isst man Obst und/oder Gemüse und andere Lebensmittel, kommt irgendwann einmal ein Sättigungseffekt. Man hat definitiv keine Lust mehr auf die 5. Orange oder auf eine zweite und dritte Portion Leber. Bei künstlichen Präparaten funktioniert diese Eigenhilfe des Körpers nicht. Mit natürlichen Vitaminen im ganz normalen Essen ist daher im Gegensatz zu künstlichen Vitaminen aus dem Chemielabor in der Regel auch ***keine Überdosierung*** möglich. Bei Präparaten kann es im Gegensatz dazu tatsächlich zu *Überdosierungen* kommen – erst recht in der Kombination mit angereicherten Lebensmitteln. Dabei hilft es auch nicht, dass wasserlösliche Vitamine in der Regel wieder ausgeschieden werden, wie man am Beispiel Vitamin C unter Punkt 2 lesen konnte. Und auch andere wasserlösliche Vitamine können in großen Mengen unerwünschte Wirkungen haben: **Vitamin B_6** führte bei 50–500 Milligramm am Tag langfristig zu schweren Nervenerkrankungen, die sich unter anderem durch ständiges Kribbeln in Armen und Beinen äußerten. Ein weiteres typisches Beispiel für nachteilige Wirkungen von überdosierten Vitaminen ist **Niacin:** In den durch Lebensmittel zugeführten Dosen sind keine Nebenwirkungen und *Überdosierungen* zu befürchten. Anders sieht es aus, wenn dieses Vitamin mittels Medikamenten in extrem hohen Dosen eingenommen wird. Eine Niacinmenge von mehr als 35 mg/Tag kann längerfristig Magenschleimhautentzündung zur Folge haben. Leberschäden, die bei Dosierungen über 3 g/Tag auftreten, stellen das schwerwiegendste Risiko dar.

Die Folgen von überdosiertem **Provitamin A** und **Vitamin C** wurden bereits erwähnt (s. Punkt 2 dieses Kapitels). Noch problematischer sind die fettlöslichen Vitamine, vor allem A und D: Sie können vom Körper nicht einfach über die Nieren entsorgt werden. Eine Art Sparmaßnahme der Evolution, sagt der Ernährungswissenschaftler Prof. Helmut Heseker aus Paderborn: „Vitamin A und D waren immer knappe Vitamine in unserer Nahrung. Unser Körper hat nicht gelernt mit einem Überschuss davon umzugehen – wir haben dafür im Lauf der Evolution keine guten Ausscheidungswege entwickelt." Speziell **Vitamin A und D** reichern sich daher vor allem in der Leber an und können in sehr hohen Dosen regelrechte Vergiftungserscheinungen verursachen.

Bei **Vitamin D**, von dem 50 µg mehr als genug sind, muss man bei *Überdosierung* mit folgendem rechnen: Kopfschmerzen, Erbrechen, Haarausfall oder sogar Arterienverkalkung und Bluthochdruck, bei *Kindern* auch Wachstumsstörungen. Vitamin D in chronisch hohen Dosen kann zudem die Organe, vor allem die Nieren, verkalken lassen. Besonders kritisch sind Kombinationen von Vitamin A und Vitamin D, die sich gegenseitig in ihren Wirkungen verstärken und zu Hörstörungen führen können. Daher sind die Vitamine A und D in hoch dosierter Form rezeptpflichtig. Mit natürlicher Sonnenstrahlung erreicht man diese Symptome nicht. Und man braucht nicht einmal einen Sonnenbrand zu riskieren, um ausreichend Sonne für Vitamin D zu tanken.

Im Januar 2005 berichtete der BBC (s. Anhang, Literatur), dass **Vitamin A** bereits in der doppelten der empfohlenen Tagesdosis das Risiko für *Osteoporose* erhöht. Von **Vitamin E** weiß man, dass eine Überdosis – (d. h. mehr als der tägliche Bedarf) sofern es sich um die natürliche Form handelt – nicht gesundheitsschädlich ist. So berichtete die Zeitschrift BIO, dass Vitamin E – in Form von Nüssen – das Risiko für Herzerkrankungen um bis zu 40 % senken kann. Auch in der Rheumabehandlung hätte es sich bewährt. Das gilt jedoch nur für das natürlich aufgenommene Vitamin, nicht für die hochdosierte, isolierte synthetische Form. Bei der hochdosierten künstlichen Form zeigen jedoch neueste Untersuchungen (s. Bericht in der Ärztezeitung vom 14.11.04), dass die regelmäßige Einnahme von hochdosiertem Vitamin E – und zwar von Mengen, die man natürlicherweise nicht erreichen kann – die Sterblichkeit erhöht. Weder auf Herz-Kreislauf- noch Krebserkrankungen hatte es einen gesundheitsverbessernden Einfluss.

Risikoreich ist ungehemmtes Schlucken von Vitaminen vor allem für werdende Mütter, Raucher, *Kinder* und für Menschen mit bestimmten Erkrankungen. „Schwangere sollten besonders in den ersten Monaten ohne Rücksprache mit dem Arzt keine Vitamin-A-Präparate schlucken. Eine Ergänzung ist eigentlich nur nötig bei Gefahr einer Unterversorgung etwa bei *Veganerinnen*", sagt

Helmut Erbersdobler, Präsident der Deutschen Gesellschaft für Ernährung. „So kann zu viel **Vitamin A** im ersten Drittel der Schwangerschaft fruchtschädigend wirken", bekundet das BfR (Bundesinstitut für Risikobewertung). Und bestimmte Krankheiten oder die Medikamente dagegen können das Risiko hoher Vitamindosen noch erhöhen. Herzpatienten zum Beispiel sollten vorsichtig mit dem Blutgerinnungsvitamin K umgehen, da es den gerinnungshemmenden Medikamenten entgegenwirkt und dadurch das Risiko für eine Thrombose erhöhen kann. Chronisch Kranke und Personen, die regelmäßig Arzneien einnehmen, sollten mit ihrem Arzt sprechen, bevor sie Vitamine einnehmen.

„Viel hilft viel" funktioniert also bei Vitaminen und Mineralstoffen nicht unbedingt. Ja, man erreicht sogar oft genug das Gegenteil, so z. B. bei Antioxidantien (z. B. die Vitamine A, C, E, s. Anhang Lexikon), die vor den gefährlichen Wirkungen des Sauerstoffs schützen sollen: Sie werden in zu großer Dosis zu sogenannten „Prooxidantien, die vor allem in Anwesenheit von Eisen die massenhafte Bildung von gesundheitsschädlichen freien Radikalen (s. Anhang, Lexikon) hervorrufen", so die Zeitschrift Stern (s. Anhang, Literatur). Studien, in denen besonders hochdosierte Nährstoffe getestet wurden, haben häufig schlechtere Ergebnisse erbracht, als wenn es gar keine zusätzliche Einnahme zu den Mahlzeiten gab.

Um ein Zuviel zu verhindern, verlangte der Gesetzgeber bisher, dass in einer Vitamintablette nur maximal die dreifache Menge des täglichen Bedarfs enthalten ist. Aber wie ist das bei Pulver? Wenn man nun mehrere Tabletten auf einmal nimmt?

Auch bei **Mineralstoffen** hat man Probleme durch zu hohe Einnahme festgestellt: Insbesondere bestimmte Kombinationen (z. B. Magnesium und Kalzium) erzielen hochdosiert nicht die gewünschten Effekte, sondern kehren sich oft sogar ins Gegenteil um, warnt die Verbraucherzentrale. Zuviel **Kalzium** führt zwar nicht dazu, dass man sofort krank wird. Jedoch begünstigt dies die Bildung von Harnsteinen und die Ablagerungen von Kalzium in den Nieren. Auch deshalb soll man nicht mehr als 2,5 g täglich zu sich nehmen, empfiehlt der zuständige wissenschaftliche Ausschuss der EU-Kommission. Jedoch verzehren bereits jetzt 10 % der Deutschen täglich mehr als 2,1 g. Und gerade bei Kalzium- und Magnesiumpräparaten fanden die ÖKO-TESTer überdosierte Produkte. Vor allem weil man über die Nahrung bereits viel Magnesium und Kalzium erhält, muss man bei Präparaten aufpassen, dass man nicht zuviel des Guten tut.

Mangan soll bereits in Dosierungen die Nerven schädigen können, die nur wenig über den Mengen liegen, die der Mensch bereits mit der Nahrung zu sich nimmt. Die Wissenschaftler der EU halten die Einnahme von zusätzlichem Mangan für ein unnötiges Risiko.

Die Verbraucherzentrale warnt vor der Einnahme von **Selen**präparaten ohne ärztliche Verordnung. Der Grund: Der Unterschied zwischen Bedarf und der Menge, die erste Vergiftungserscheinungen hervorrufen kann, ist sehr gering.

Also: Vorsicht! Mit üblichen, natürlichen Lebensmitteln, insbesondere Gemüse und Obst, ist eine *Überdosierung* zwar selten, wenn auch Vitamin-A-Vergiftungen mit Fisch- und Eisbärleber bei Polarforschern bekannt sind. Aber zum einen: wer isst schon Fisch- oder Eisbärleber und zum anderen gibt es neue Verdachtsmomente, die darauf hinweisen, dass die Polarforscher nicht an Eisbärleber, sondern am Blei ihrer Konservendosen gestorben sind, und drittens: als Mitteleuropäer kommt man an diese Lebensmittel nur sehr schwer heran. Aufpassen muss man allerdings bei Meeresalgen, die z. B. für Sushi verwendet werden. Hier kann man sich leicht zuviel Jod einhandeln (s. mein „Mineralstoff-Kochbuch").

Das Ganze ist zur Zeit besonders delikat: Das Europäische Parlament und der Rat zur Ausgleichung der Rechtsvorschriften der Mitgliedstaaten haben eine neue Richtlinie über *Nahrungsergänzungsmittel* verabschiedet. Bislang sind jedoch keine Höchst- und Mindestmengen für Vitamine und Mineralstoffe festgelegt, die für *Nahrungsergänzungsmittel* zugelassen sind. Die bislang gültigen Obergrenzen für Vitamine und Mineralstoffe, also i. d. R. die dreifache Tagesdosis, gelten nicht mehr. Das heißt: Man sollte die gesundheitsschädlichen Dosismengen genau kennen, bevor man sich ein Vitamin- oder Mineralstoffpräparat zumutet (gesundheitsschädliche Dosismengen sind im Kapitel I C nachzulesen).

Die Verbraucherzentralen haben 1999 diverse *Vitamin- und Mineralstoffpräparate* untersucht. Dabei entdeckten sie, dass *Überdosierungen* an der Tagesordnung waren: „Bei Vitamin C überschritten 24 %, bei Vitamin E 22 % der Präparate die Obergrenzen. Bei dem in hohen Dosen toxischen Spurenelement Selen waren es sogar fast 50 % der Produkte", so die Verbraucherzentrale Hamburg. Und sie fanden noch mehr: Von 22 untersuchten ACE-Produkten waren 20, das heißt 91 % überdosiert! Die Verbraucherzentrale ist der Meinung, dass sie eigentlich vom Markt genommen werden müssten. Auch Produkte aus dem Internet wurden untersucht und sie glänzten durch besonders negative Ergebnisse: 3 von 9 Produkten enthielten kein Zutatenverzeichnis oder nur eines in englischer Sprache und 9 von 13 Produkten waren überdosiert. Die DGE meint: „Bei Zufuhr von deutlich über den Referenzwerten liegenden Mengen muss mit unerwünschten pharmakologischen und toxikologischen Wirkungen gerechnet werden."

„Was in kleinen Mengen gut, ist in großen Gift", sagte man bereits im Mittelalter, und das gilt auch für Vitamine und Mineralstoffe!

8. Jedes Vitamin kann den Stoffwechsel eines anderen beeinflussen, für Mineralstoffe gilt dasselbe.

Für die Beeinflussung eines Vitamins durch ein anderes sowie eines Mineralstoffs (s. auch Punkt 4) durch einen anderen gibt es zahlreiche Beispiele. Ein typisches ist: Folsäure kann nur in einer bestimmten Form aufgenommen werden und die Nahrung liefert überwiegend (zu 60–80 %) eine andere Variante. Daher muss das Vitamin von einem bestimmten Enzym (im Fachausdruck als Konjugase bezeichnet), das im Darm oder in Zellen des Darms vorhanden ist (im sog. Bürstensaum) entsprechend „aufbereitet" werden. Die Konjugase benötigt Vitamin B_{12}. Dadurch treten bei Vitamin-B_{12}-Mangel ähnliche *Mangelerscheinungen* auf wie bei *Folsäuremangel*.

9. Bei chemischen Synthesen können neben Isomeren auch andere Nebenprodukte entstehen.

Nicht nur isomere Verbindungen können bei chemischen Synthesen auftreten, auch völlig andere Beiprodukte sind möglich. Sicherlich wird versucht diese Verbindungen abzutrennen. Ob dies jedoch zu 100 % möglich ist, weiß – wenn überhaupt – wohl nur der Hersteller. Man findet bekanntlich nur etwas, wenn man danach sucht. Und dann sollte man besser wissen, was man sucht. Zum Beispiel haben chemisch veränderte Vitamin-A-Derivate völlig andere Wirkungen als der hoch dosierte Nährstoff in natürlicher Form.

10. Eine Substanz kann im natürlichen Verbund harmlos sein, als Einzelsubstanz jedoch Probleme bereiten.

Kirsten Milhahn erläutert im Stern-Lexikon der Nährstoffe (s. Literatur, Anhang): Künstliche *Vitaminpräparate* bieten keinen gleichwertigen Ersatz für die natürlichen Stoffe. „Denn in Tablettenform gepresst können Vitamine anders wirken als in der Frucht. In ihr entfalten oder verstärken sie ihre Wirkung oft im Zusammenspiel mit anderen Inhaltsstoffen."

So gehört zu den Aufgaben von Vitamin E die Förderung körpereigener Abwehrreaktionen. Als man im Rahmen einer Untersuchung von 60-Jährigen 200 mg Vitamin E täglich verabreichte, hatte dies keinen Einfluss auf die Häufigkeit akuter Atemwegsinfektionen. Ganz im Gegenteil: Erwischte es in dieser Versuchsphase jemand, so war er sogar länger krank als normal. Auch hatten die Patienten häufiger Fieber.

11. Vitamine im natürlichen Verbund wirken zumeist besser, werden leichter aufgenommen und sind oft genug besser verträglich.

Vitamine und Mineralstoffe gelten als relativ gut erforscht. Man weiß, wie sie im Körper wirken und wie gefährlich Mangelzustände sind. „Weniger bekannt ist, dass Vitamine am besten im natürlichen Verbund wirken, also als Bestandteil unseres Essens. In Form isolierter Substanzen dagegen schneiden sie schlecht ab“, so ÖKO-TEST. Tatsächlich gibt es zahlreiche wissenschaftliche Belege, dass z. B. Vitamine im natürlichen Verbund besser wirken und auch besser verträglich sind als ihre künstlichen Pendants. Sie kennen das bereits von Vitamin E (s. Punkt 1). Und auch vom Vitamin C und den *Flavonoiden* haben Sie dies bereits gelesen. Künstliche Vitamine haben oft (Ausnahme z. B. Folsäure oder eine spezielle Form des Vitamin B_1) eine geringere Wirksamkeit als natürliche. Dies mag an den isomeren Verbindungen liegen, den Beiprodukten etc. Tatsache ist jedenfalls, dass nicht nur künstliches Vitamin E diese geringere Wirkung im Vergleich zur natürlichen Verbindung hat: 1 mg Vitamin A natürlich entspricht der eineinhalbfachen Menge des künstlichen Produktes. Auch für Vitamin B_2 (Riboflavin) ist bekannt, dass es im Nahrungsverbund besser aufgenommen wird.

Dass Vitamine als Bestandteil unseres Essens besser wirken, konnte Rui Hai Liu von der Cornell Universität in New York sogar wissenschaftlich belegen, als er im Reagenzglas den antioxidativen (s. Anhang, Lexikon: Antioxidantien) Effekt von frischen Äpfeln und Vitamin-C-Pillen verglich. 1500 mg künstliches Vitamin C benötigte er, um die Wirkung von 20 mg natürlichem Vitamin C in 100 Gramm Apfel zu erzielen. Der Grund: Ein Apfel enthält neben Vitamin C auch größere Mengen an *Flavonoiden* und Polyphenolen, die ebenfalls antioxidativ wirken. Ein Apfel ist also gesünder als eine Vitamin-C-Tablette, so die Schlussfolgerung von ÖKO-TEST, die über diesen auffallenden Versuch im ÖKO-TEST kompakt „Vitamine und Mineralstoffe“ berichtete.

12. Gesundheitsschädliche Wirkungen von Substanzen werden oft genug erst lange nach ihrer Verwendung entdeckt.

Oftmals werden gesundheitsschädliche Wirkungen erst viele Jahre nach ihrem ersten Auftreten bekannt und viel später wird vielleicht ein Gesetz dagegen erlassenen. Das bekannteste Beispiel ist Asbest. Mehr als 60 Jahre, nachdem ein Arzt öffentlich auf die damit verbundenen Gesundheitsgefahren hingewiesen hat, wurde in Deutschland ein Gesetz dagegen verabschiedet.

13. Nur Vitamine und Mineralstoffe in Obst und Gemüse haben zusätzlich krebsvorbeugende und andere gesundheitsfördernde Wirkung.

Reichlich Obst und Gemüse zu verzehren, senkt das Risiko für Herz-Kreislauf-Erkrankungen, Krebs und Diabetes (s. dazu auch mein „Anti-Krebs-", „Multi-Vitamin-" und „Mineralstoff-Kochbuch"). Dies bedeutet jedoch noch lange nicht, dass die betreffenden Inhaltsstoffe in isolierter Form einen ähnlichen Effekt hätten, meint Rolf Großklaus, Leiter der Fachgruppe Ernährungsmedizin beim Bundesinstitut für gesundheitlichen Verbraucherschutz und Veterinärmedizin (BgVV, jetzt BfR: Bundesinstitut für Risikobewertung) in Berlin. Ein hoher, regelmäßiger Verzehr an Provitamin-A-reichem Gemüse (z. B. Möhren) zeigte die am stärksten wirksame Vorbeugung vor Lungenkrebs. In zahlreichen jahrelangen Studien mit Tausenden von Teilnehmern fand sich immer wieder dasselbe Ergebnis: Menschen, die viel Obst und Gemüse essen, leiden seltener unter Herz-Kreislauf-Erkrankungen und Krebs. Britische Wissenschaftler haben getestet, ob dies auch mit künstlichen Vitaminen möglich ist: Über 5 Jahre hinweg wurde 10.000 britischen Erwachsenen mit Herzkrankheiten oder Diabetes täglich Vitamin E, C und ß-Carotin gegeben. Die Wissenschaft wurde enttäuscht: Das Ergebnis: Es starben genauso viele wie die ohne diesen Kunstzusatz. „In den vergangenen 10 Jahren wurden in Europa und den USA mehr als zehn große Studien zur Wirkung antioxidativer Vitamine (die berühmten ACE-Vitamine, die immer noch als eine Art Lebensversicherung gelten, Anmerkung der Autorin) durchgeführt. Insgesamt 110.000 Männer und Frauen schluckten freiwillig und regelmäßig die Vitamine A, C und E, ß-carotin oder ganze Cocktails. Die Versuche liefen über 3–12 Jahre und sollten endgültig den Beweis liefern, dass Antioxidantien vor Krebs und Herzerkrankungen schützen. Aber keine Untersuchung konnte eindeutige positive Ergebnisse vorweisen", so nachzulesen in der Zeitschrift STERN im August 2004 (siehe Anhang, Literaturverzeichnis,).

Dass einzelne Wirkstoffe nicht zur Krebsvermeidung beitragen oder keine *krebsvorbeugende* Wirkung haben, lässt sich so erklären: die Wirkstoffe – also in diesem Falle die enthaltenen Vitamine oder Mineralstoffe – wirken miteinander oder in Kombination mit anderen Inhaltsstoffen. Entweder sie ergänzen sich in der Wirkung oder verstärken sich gegenseitig darin. Tausende anderer Komponenten zusätzlich zu den Vitaminen und Mineralstoffen stecken in Obst,

Gemüse und Getreide wie z. B die sekundären Pflanzenstoffe (s. Anhang, Lexikon). So weiß man, dass sekundäre Pflanzenstoffe die antioxidative Wirkung der Vitamine ACE um ein Vielfaches übertreffen und steigern können. Aber auch Vitamin C und E können zusammenwirken, um die gesundheitsschädliche Wirkung von „Radikalen“ (siehe Antioxidantien, Lexikon) zu verhindern. Alle Inhaltsstoffe des Pflanzenkörpers und zum Teil auch tierischer Produkte beeinflussen sich gegenseitig.

„Mit der wahllosen Zufuhr synthetischer Vitamine und Mineralstoffe bringt man dieses komplizierte Regelwerk aber eher durcheinander, als dass die Gesundheit davon profitiert“, so ÖKO-TEST.

Bernhard Watzl und Prof. Dr. Leitzmann fassen es so zusammen: „Für die antikanzerogene (*krebsvorbeugend*, Anmerkung der Autorin) Wirkung können nicht einzelne Substanzen in Lebensmitteln herausgegriffen werden, denn es ist wahrscheinlich, dass Inhaltsstoffe in Gemüse und Obst in ihrer natürlichen Zusammensetzung synergistisch (s. Anhang, Lexikon) oder additiv wirken. Als gesichert gilt die antikanzerogene Wirkung bestimmter Gemüse- und Obstarten sowie von Vollkornprodukten.“

„Es ist nicht die Einzelsubstanz aus einem Nahrungsmittel, die vor Krankheit schützt“, so der Münchner Experte Gerhard Rechkemmer, „sondern das Zusammenspiel und die Dosierung einer ganzen Reihe verschiedener Substanzen, die ein Mensch beim Essen von Obst und Gemüse zu sich nimmt.“ Bernhard Watzl von der Bundesforschungsanstalt für Ernährung in Karlsruhe meint: „Nur bei direktem Verzehr der gesamten Frucht wird wirklich das ganze Spektrum an essenziellen Nährstoffen und sekundären Pflanzenstoffen aufgenommen.“

14. Mit Obst, Gemüse und anderen Lebensmitteln nehmen Sie zahlreiche gesundheitsfördernde Substanzen auf.

Nehmen Sie z. B. Ascorbinsäure, also Vitamin C ein, so haben Sie eben nur dieses Vitamin eingenommen. Essen Sie eine Orange, haben Sie noch andere Vitamine und bioaktive Substanzen, deren positive Wirkungen noch nicht mal vollständig bekannt sind und mit deren Hilfe Sie mehr für Ihre Gesundheit tun können als mit einer Einzelsubstanz.

Prof. Dr. Hans Konrad Biesalski, Institut für Biologische Chemie und Ernährungswissenschaft der Universität Hohenheim, Stuttgart und Mitherausgeber des wissenschaftlichen Werkes „Vitamine, Spurenelemente und Mineralstoffe“ (s. Anhang, Literaturverzeichnis) meint: „Wir wissen nicht genau, welche Stoffe in Früchten und Gemüse uns einen Gesundheitsvorteil verschaffen.“

Nur: diese zusätzlichen wertvollen Vorteile enthalten eben nur die Naturprodukte, unsere natürlichen Lebensmittel wie Obst und Gemüse.

15. Warum zu Chemie greifen, wenn man sie nicht braucht?

Wie Sie aus Kapitel II wissen, sind wir mit Vitaminen und Mineralstoffen gut versorgt.

Die Zeit, wo man zu künstlichen Vitaminen greifen muss, da natürliche Vitamine den Bedarf nicht mehr decken können (Zufuhr von Vitamin B_{12}, D etc. im Alter, siehe Kapitel II Vitaminmangel), kommt früh genug. Auch bei bestimmten Krankheiten kann ein Vitamin- und/oder Mineralstoffmangel entstehen, der auf natürliche Weise nur schwer zu beheben ist. Warum also zu künstlichen Vitaminen und Mineralstoffen greifen, wenn es (noch) gar nicht nötig ist?

16. Die Wirkung mancher Vitamine wird durch Substanzen aus ihrem natürlichen Umfeld verstärkt oder unterstützt.

„Viele Effekte einzelner Mikronährstoffe (dazu gehören Vitamine und Mineralstoffe: Anmerkung der Autorin) werden auch erst in ihrer natürlichen Kombination mit den Sekundären Pflanzenstoffen (s. Anhang, Lexikon) so richtig wirksam. Isoliert oder künstlich hergestellt, sind sie längst nicht mehr so effizient. Zwar braucht jeder Mensch Vitamine und Mineralstoffe, aber die allerwenigsten in künstlicher Form. Sie sind nicht „alles, was Ihr Körper braucht"- auch wenn die Werbung dies behauptet", so die Aussage der Verbraucherzentrale. Ein Beispiel sind bestimmte *Flavonoide*, die von dem Nobelpreisträger Albert Szent-Györgyi sogar als Vitamin P bezeichnet wurden und die zusätzlich als *krebsvorbeugend* gelten (näheres zu diesen Stoffen s. mein „Anti-Krebs-Kochbuch"). Diese als Vitamin P bezeichneten *Flavonoide* unterstützen bzw. verstärken die Aktivität des Vitamin C (s. hierzu auch Punkt 11).

17. Nebenwirkungen von Vitaminpräparaten sind oft genug unbekannt.

Prof. Hans Konrad Biesalski weist darauf hin, dass einzelne Körpergewebe bestimmte für sie nützliche Vitamine anreichern können. Man kennt z. B. die Anreicherung von ß-Carotin in der Haut als Schutz vor Sonnenlicht. Diese Anreicherungen, die von den verschiedensten Geweben bekannt sind, stellen keinen reinen Speichervorgang dar, sondern sind oft mit wichtigen und für dieses Gewebe spezifischen Stoffwechselfunktionen verbunden. Wenn Vitamine und/oder Mineralstoffe zur Vorbeugung oder auch zur Heilung bei Erkrankungen eingesetzt werden, so geschieht dies üblicherweise dadurch, dass man höhere Dosierungen über längere Zeiträume gibt. Dies geschieht in der Hoffnung, dass sich hierdurch auch die entsprechenden Gewebe ausreichend anreichern und dadurch ein medizinischer Erfolg sicher wird. Aber dabei vergisst man, dass man den gesamten Organismus mit Vitaminen „überschwemmt" und möglicherweise auch Gewebe mit Vitaminen anreichert, bei denen das natürlicherseits nicht vorgesehen ist, sodass daraus nicht vorhersehbare Nebenwirkungen resultieren können.

18. Für viele Vitamine gibt es nach wie vor keine „sicheren Höchstgrenzen".

Bei einigen Vitaminen, wie Biotin oder Pantothensäure, kennt man praktisch keine Symptome einer *Überdosierung*. Dementsprechend gelten diese Vitamine zwar als relativ ungefährlich – egal in welcher Dosierung, aber eine sichere Obergrenze kann man trotzdem nicht angeben.

Selbst im Fall von Vitamin C reichen die bisherigen Daten für einen exakten Grenzwert nicht aus. Die europäische Behörde für Lebensmittelsicherheit kam im Frühjahr 2004 nur zu dem Ergebnis, dass ein Gramm am Tag allein durch *Nahrungsergänzungsmittel* vermutlich unschädlich ist – aber Genaues weiß man eben nicht.

„Und selbst wenn zu viel eines Vitamins keinen Schaden anrichtet, kann es zu einer Überlastung der Systeme kommen, die körperfremde Stoffe wie Arzneimittel abbauen", so die Biochemikerin Regina Brigelius-Flohé vom Deutschen Institut für Ernährungsforschung (DIFE) in Potsdam-Rehbrücke und: „... anders als bei Arzneimitteln liegen für viele Vitamine keine gezielten Verträglichkeitsstudien vor", so Frau Brigelius-Flohé.

19. Künstliche Vitamine können von einer gesunden Lebensweise abhalten.

Verwirrt durch die Heilsversprechen zahlreicher Anbieter könnten manche auf die Idee kommen, statt einer gesunden Lebensweise mit Vollwerternährung incl. viel frischem Obst und Gemüse sowie ausreichender Bewegung müsse man nur die „richtigen Pillen" einnehmen. Auch die Vermeidung von Krebs, Herzinfarkt und Schlaganfall wäre auf diese Weise möglich. Leider ist das nicht so einfach! Seriöse Wissenschaftler konnten bisher diesen Beweis nicht antreten.

Nachteile künstlicher Vitamine und Mineralstoffe

Fazit: Wie Sie im Kapitel I gesehen haben, sind oft nur wenige Gramm eines Lebensmittels erforderlich, um den Tagesbedarf an Vitaminen oder Mineralstoffen zu decken. Eine zusätzliche Einnahme von Tabletten und Pülverchen mit künstlichen Vitaminen und Mineralstoffen ist dann für gesunde Personen völlig überflüssig. Ungesunde Ernährung kann man jedenfalls nicht durch Einnahme von Vitamin- und Mineralstofftabletten ausgleichen. Anders ist die Situation, wenn man ernsthaft krank ist, z. B. eine anstrengende Krebsbehandlung erforderlich ist oder ähnliches. Sie konnten im Kapitel II nachlesen, wer *Vitamin- und/oder Mineralstoffpräparate* wirklich braucht. Dann ist eine zum Großteil vorübergehende Einnahme von Vitamin- oder Mineralstofftabletten sinnvoll – wenn der Arzt es für nötig hält. Natürliche Vitamine und Mineralstoffe aus natürlichen Lebensmitteln sind nicht nur sicherer, sie sind oft auch noch viel wirkungsvoller.

Kapitel VI

Die natürlichen Alternativen

Wie Sie gelesen haben, brauchen Gesunde in der Regel keine zusätzlichen Vitamine und Mineralstoffe, sie können sich mit ganz normaler Mischkost mit fast allem versorgen, was sie benötigen (Ausnahme Jod). Auch die Nachteile künstlicher Präparate haben Sie kennengelernt. Nun wollen oder können manche auf zusätzliche Vitamine oder Mineralstoffe nicht verzichten. Dies deshalb, da sie einen erhöhten Bedarf vermuten oder einem Dauerstress durch Familie und Beruf unterliegen, hohen Umweltbelastungen ausgesetzt sind oder tatsächlich krank sind. Aber wenn man sich hier schon was Gutes tun will, warum zur Chemie greifen? Es gibt zum einen die Möglichkeit, die jeweiligen Lebensmittel, die eine hohe Konzentration des jeweiligen Vitamins oder Mineralstoffs enthalten, zu essen (s. Teil I dieses Buches oder mein „Multi-Vitamin-" bzw. „Mineralstoff-Kochbuch") oder aber auf natürliche *Nahrungsergänzungsmittel* zurückzugreifen, die es hinreichend gibt. Im folgenden lernen Sie einige davon kennen und das oder die Vitamin(e) bzw. Mineralien, von denen es oder sie reichlich ent-

Auch Mineralstoffpräparate gibt es auf natürlicher Basis

halten. Von einigen der Präparate gibt es – auch aufgrund ihrer Neuheit – noch keine wissenschaftlichen Daten, aber Herstellerangaben auf der Verpackung sind bindend und werden streng kontrolliert. Sie erhalten die Präparate in der Regel im Reformhaus oder Naturkostfachhandel und zum Teil im Supermarkt (z. B. Tegut) und der Apotheke:

• Acerolaprodukte (Säfte, Pulver, Lutschtabletten etc.)	viel Vitamin C
• Agar Agar, Meersalz mit Algen	Jod
• Algen – je nach Wasserinhaltsstoffen	Selen, Chrom
• Camu-Camu-Frucht (s. Bild Kapitel I A 2.9)	Vitamin C
• Chlorella (Algenart)	Eisen
• Edel- und Bierhefe	Vitamin B_1, B_2, Niacin, B_6, Biotin, Folsäure, Kupfer
• Gelee royale	Pantothensäure
• Gerstengras	Kalzium, Kupfer, Mangan, Vitamin B_2, Folsäure
• Gerstenöl mit Gerste, Dinkel, Bockshornklee	Vitamin E
• Hagebutten	viel Vitamin C
• Hefeerzeugnisse (Hefeextrakt, Hefeflocken, Flüssighefe)	Vitamine des B-Komplexes, Chrom, Kalium, Magnesium
• Karottensaft	viel ß-Carotin
• Kieselerdeprodukte	Silizium
• Lebertran	Vitamin A, E, D
• Meeresalgen	Jod, Kalzium, Silizium
• Milchpulver	Kalzium, Molybdän
• Natürliche Mineral- oder Heilwässer	z. B. viel Magnesium und/oder Kalzium (s. Kapitel II)
• Salzpflanze Salicornia (Salicornia jodata)	Jod
• Sanddornerzeugnisse (Säfte, Brotaufstriche ...)	viel Vitamin C
• Bio-Spirulina	Niacin, Pantothensäure, Chrom, Vitamin E, Eisen, Fluor, Mangan
• Weizenkeime (Bild s. Kapitel V, Punkt 2)	Vitamin E, B_1, Eisen, Magnesium, Zink, Mangan, Molybdän
• Weizenkeimöl	viel Vitamin E
• Weizenkeimvollextrakt	viel Vitamin A, B_1, B_2
• Weizenkleie	viel Niacin, Biotin, Magnesium, Zink, Mangan, Eisen

Hier müssen Sie nicht mit künstlichen Vitaminen, irgendwelchen Artefakten etc. rechnen. Eine *Überdosierung* ist zum einen kaum möglich, da man gar keine Lust hat, einen Liter Sanddornsaft etc. zu trinken. Dennoch sollte man sich an die Dosierungsempfehlungen halten.

Bild: Dr. Pansalis

Natürliches Jod aus einer Salzpflanze

Spirulina, Chlorella, Gersten- und Weizengras – viele alternative, natürliche Vitamin- und Mineralstoffquellen

Bild: Sanatur

Dabei bitte nicht vergessen, dass es Lebensmittel gibt, die mit **100 g mindestens den Tagesbedarf von 3 oder mehr Vitaminen oder Mineralstoffen** liefern – nach neuen, modernen Analysendaten:

• Brokkoli	Vitamin A, K, C und Folsäure, Kalium
• Erdnüsse	Vitamin A, B_1, Niacin und Biotin
• Haselnüsse	Vitamin E, Kupfer, Mangan
• Heilbutt	Vitamin D, B_6, B_{12}
• Hering	Vitamin D, B_6, B_{12}, Pantothensäure
• Makrele	Vitamin D, B_6, B_{12}
• Grünkohl	Vitamin A, D, C und Folsäure, Kalium
• Hühnerleber	Vitamin A, K, B_2, B_{12}, Niacin, Biotin
• Kakao	Magnesium, Eisen, Kupfer, Chrom, Molybdän
• Kalbsleber	Vitamin A, K, B_2, B_{12}, Niacin, Biotin, Pantothensäure, Kalium, Kupfer
• Mohn	Kalzium, Magnesium, Mangan
• Rinderleber	Vitamin A, D, K, B_2, B_6, B_{12}, Folsäure, Niacin, Biotin, Pantothensäure, Kalium, Kupfer
• Schweineleber	Vitamin A, B_2, B_{12}, Niacin, Eisen, Selen, Kupfer, Molybdän
• Rinderniere	B_2, B_{12}, Biotin, Eisen, Selen, Molybdän
• Schweineniere	B_2, B_{12}, Biotin, Selen, Molybdän
• Sesam	Kalzium, Magnesium, Eisen, Zink, Selen
• Sojabohne	Vitamin K, B_1 und Biotin, Kalium, Selen, Mangan, Molybdän
• Sojamehl	Magnesium, Mangan, Molybdän
• Sonnenblumenkerne	Vitamin E und B_1, Magnesium, Selen, Kupfer
• Weizenkeimlinge	Vitamin E, K, B_1 und Folsäure, Kalium, Zink, Kupfer, Mangan

Wie Sie sehen, gibt es reichlich natürliche Alternativen, die dafür sorgen, dass der gesunde Mensch weder künstliche *Vitamin- noch Mineralstoffpräparate* einnehmen muss.

Weizenkeimlinge (1 und 3 Tage gekeimt) enthalten sehr viel natürliches Vitamin E, K, B_1, Folsäure, Kalium, Zink, Kupfer und Mangan

Kapitel VII

Vor Eigenmedikation wird gewarnt!

Sie haben bereits einiges über die Gefahren von überdosierten Vitaminen und Mineralstoffen gelesen (s. Kapitel V: Nachteile künstlicher Vitamine und Mineralstoffe, Punkt 7). Eines ist damit klar: Ohne ärztliche Abklärung sollte keinesfalls irgendein Mineralstoff- oder Vitaminpräparat eingenommen werden, da eine Selbstmedikation nicht ungefährlich ist. Die Verbraucherzentrale Bayern warnt: „Denn oft seien teure Präparate überflüssig und eine Selbstmedikation könne auch bei scheinbar harmlosen Wirksubstanzen gefährlich sein."

Selbst bei den an sich gesunden Vitaminen und Mineralien kann eine Überdosis durchaus schaden. Die problematischen Mengen können Sie im Kapitel I C) nachlesen und die genauen Folgeerscheinungen bei *Überdosierung* ausführlich in meinem „Multi-Vitamin-" und „Mineralstoff-Kochbuch". Über den Bedarf hinaus eingenommene Vitaminmengen zeigten z. T. bereits nach sechs Wochen Einnahme unerwünschte Nebenwirkungen bei den Vitaminen A, D, C und beim Provitamin A (v.a. bei Rauchern). Auch Kombinationen von bestimmten Vitaminen mit z. B. Mineralstoffen sind nicht ungefährlich.

Für Mineralstoffe möchte ich ein Beispiel herausgreifen: **Eisen**.

„Eisen ist ein lebensnotwendiges Spurenelement, von einer überhöhten Zufuhr ist jedoch abzuraten", so die Deutsche Gesellschaft für Ernährung (DGE, s. Anhang, Lexikon). Stefan Weigt von der UGB meint dazu: „Nur bei wenigen Nährstoffen ist die Spanne zwischen lebensnotwendiger Zufuhr und schädlicher Dosis so eng wie bei Eisen."

Man weiß, dass bereits bei therapeutischen Mengen, das heißt bei *Eisenmangel* verordnete Dosen, Beschwerden im Magen-Darm-Trakt auftreten können. Um Übelkeit und ähnliches zu vermeiden, sollte man das Präparat daher nicht auf nüchternen Magen zu sich nehmen.

Die Eisenaufnahme im Darm steigt bei *Eisenmangel* an und sinkt bei hoher Eisenzufuhr ab. Bei ausreichender Versorgung werden im Durchschnitt nur etwa 10 % des in der Nahrung vorhandenen Eisens aufgenommen. Sind die Eisenspeicher leer, kann diese Aufnahme auf 30 % steigen. Bei Schwangeren fand man im letzten Schwangerschaftsdrittel sogar eine Rate über 60 % . Diese Regulation schützt den Körper bei sehr hoher Eisenaufnahme jedoch nicht vor ei-

Nicht einmal 100 g Sonnenblumenkerne benötigt man, um den Tagesbedarf an Vitamin E und B_1 sowie den Mineralstoffen Magnesium, Selen und Kupfer zu decken – ohne Gefahr der *Überdosierung*!

ner Eisenüberladung. Überschüssiges Eisen kann nicht ausgeschieden werden. Stefan Weigt von der UGB warnt: „Wird zuviel Eisen aufgenommen, werden die regulierenden Darmzellen geschädigt, und der Mineralstoff gelangt ungehindert ins Blut. Eine zu hohe Eisenzufuhr kann Gefäße, Herz und Leber angreifen und die Anfälligkeit für Infektionen erhöhen. Selbst sonst harmlose Bakterien können dann zu schweren Infekten führen."

Bei einer zu hohen Eisenzufuhr können Radikalverbindungen (s. Radikale, freie im Anhang, Lexikon) entstehen, die bekanntermaßen nicht gerade gesundheitsfördernd sind und den oxidativen Stress (s. Anhang, Lexikon) erhöhen. „Studien zeigen, dass bei einer Eisenüberladung des Körpers und sogar schon bei einem Eisenstatus an der oberen Normgrenze das Risiko für Arteriosklerose und Herzinfarkt bedeutsam ansteigt", so die Verbraucherzentrale Bayern. Außerdem benötigen Krebszellen Eisen, und das Wachstum von Krebszellen wollen wir ja durch Mineralstoffzufuhr nicht noch unterstützen.

Eine wissenschaftliche Untersuchung kam sogar zu dem Ergebnis, dass bereits bei Eisenwerten, die im oberen Normbereich liegen, ein höheres Risiko für eine Tumorerkrankung besteht. Prof. Dr. Klaus Schümann vom Walther-Straub-Institut der LMU München rät: „Nimmt man diese Befunde zusammen, sollte konsequenterweise einerseits die empfohlene Zufuhr für Eisen, wie sie in den D-A-CH-Referenzwerten (siehe Anhang, Lexikon) angegeben wird, eingehalten werden, um Mangelzustände zu vermeiden, andererseits aber von einer regelmäßigen Eisenzufuhr über diese Empfehlungen hinaus abgeraten werden."

Das bedeutet natürlich nicht, dass Patienten, die Blut verloren haben oder aufgrund sonstiger medizinischer Probleme Eisen verordnet bekommen haben, die notwendigen Eisenpräparate nicht einnehmen sollten. Es bedeutet nur, dass man auf gar keinen Fall Eisenpräparate ohne medizinische Überwachung einnehmen sollte. Dies gilt insbesondere auch während einer Schwangerschaft. In dieser Zeit muss der behandelnde Arzt darauf achten, dass kein *Eisenmangel* auftritt.

Wissenschaftliche Studien haben ergeben, dass es in Deutschland fast genauso viele Menschen gibt, die mit Eisen unter- wie überversorgt sind. Einen Mangel haben nur etwa 0,6 % der deutschen Bevölkerung. In diesen Falle sind Eisenpräparate vermutlich unbedenklich, denn dann wird das in großen Mengen zugeführte Eisen sofort an das Transporteiweiß mit Namen Transferrin gebunden. Es wird rasch abtransportiert und zur Bildung der roten Blutkörperchen verwendet. Somit stehen nur wenige freie Eisenionen für die Bildung von freien Radikalen zur Verfügung.

Stefan Weigt plädiert deshalb dafür: „Zusätzliche Eisengaben sollten nicht länger als sechs Monate und nur unter ärztlicher Kontrolle eingenommen werden." Auch das spricht dafür, dass man zusätzliche Eisengaben nur unter ärztlicher Kontrolle einnehmen sollte, wenn ein deutlicher Mangel festgestellt wurde. Stefan Weigt meint dazu: „Die Praxis sieht leider anders aus. Die meisten Eisenpräparate besorgen sich verunsicherte Verbraucher auf eigene Faust."

Aber nicht nur Eisen ist gefährlich, jeder Mineralstoff kann in einer falschen Dosierung schädlich wirken. Bei einigen Mineralstoffen und Spurenelementen ist die Risikoschwelle niedriger, bei anderen höher. Will man *Mineralstoffpräparate* einnehmen, so muss man jeden einzelnen genau betrachten. Über Lebensmittel sind Vergiftungserscheinungen durch Mineralstoffe und Vitamine – sieht man von Vitamin A und Selen ab – so gut wie unmöglich. Normalerweise sorgt schon die entstehende Unlust dafür, dass man nicht zuviel von einem Lebensmittel isst, das hohe Konzentrationen eines ungesunden Nährstoffs aufweist.

Bei einigen Krankheiten darf man bestimmte Mineralstoffe gar nicht einnehmen. Beispielsweise dürfen Nierenkranke keine Mineralstoffpräparate einnehmen, Natriumempfindliche kein Natrium (Gefahr von Bluthochdruck). Bei bestimmten Schilddrüsenerkrankungen darf kein Jod geschluckt werden und bei der sog. Eisenspeicherkrankheit definitiv kein Eisen.

Dr. Axel Eustachi vom Zentrum für naturheilkundliche Forschung der TU München warnt vor hohen Vitamindosen in der Tumorbehandlung: Während einer Chemo- oder Strahlentherapie sollten Patienten keine großen Mengen an antioxidativ (siehe Anhang, Lexikon) wirksamen Vitaminen einnehmen, weil diese die Wirkung der Therapie beeinträchtigen können.

Die Verbraucherzentrale rät: „Grundsätzlich sollten Sie *Vitamin- und/oder Mineralstoffpräparate* nur einnehmen, wenn Ihr Arzt bzw. Ihre Ärztin einen speziellen Mangel festgestellt hat oder wenn Sie einen höheren Bedarf haben und dieser durch Nahrungsmittel nicht behoben werden kann."

Natürliche Vitamine sind so lecker verpackt!

Kapitel VIII

Andere Länder, andere Sitten – oder: warum Italiener, Amerikaner und andere Landsleute angeblich weniger bzw. mehr Vitamine benötigen

100 mg Vitamin C braucht man täglich, so empfiehlt die DGE (Deutsche Gesellschaft für Ernährung). Das war nicht immer so: Noch vor einigen Jahren waren es 75 mg. In den USA empfiehlt das Food and Nutrition Board (FNB) inzwischen 200 mg, ursprünglich waren es 60 mg Vitamin C. In Großbritannien genügen angeblich bereits 30 mg oder auch 40 mg, liest man in einer anderen Studie. Die EU-Behörden wiederum kommen auf 45 mg täglichen Vitamin-C-Bedarf. Der Wissenschaftliche Lebensmittel-Ausschuss der EU meint, dass die Speicherfähigkeit des Gewebes bei Tagesdosen über 80 mg bereits überschritten ist. Dieses Gremium hält 12 mg Vitamin C im Grunde für ausreichend und empfiehlt unter Einbeziehung eines Sicherheitsfaktors 30 mg. Merkwürdig, dass gerade die EU die Mütter zwingt, Babynahrung mit künstlichen Vitaminen anzureichern (siehe Kap. IX: Babys an den Tropf) …

Ratlos steht man davor und weiß nicht, soll man nun, oder soll man nicht?

Ähnliches gilt für Vitamin E: Nach den Empfehlungen der Deutschen Gesellschaft für Ernährung sollte die tägliche Vitamin-E-Aufnahme bei 12 mg/Tag liegen, Amerikanern werden 10 mg/Tag empfohlen. Erschwert werden die Vergleiche der empfohlenen Nährstoffmengen durch unterschiedliche Einheiten für die Vitaminmengen in den USA, Kanada und der Bundesrepublik. Ein direkter Zahlenvergleich beim Vitamin E ist deshalb gar nicht mehr möglich. Ähnliches gilt für Vitamin A und auch bei Vitamin B_{12} beobachtet man derartiges: Die Aufnahmeempfehlungen unterschieden sich von Land zu Land – in Deutschland hat man sich immerhin mit Österreich und der Schweiz geeinigt und gibt die sogenannten *D-A-CH-Referenzwerte* (s. Anhang, Lexikon) heraus.

Aber nicht nur die Angaben für Vitamine sind verwirrend und schwanken bei den verschiedenen Ländern. Bei Mineralstoffen ist es genauso: Erwachsene benötigen etwa 1,5–3,0 mg Kupfer pro Tag, der Lebensmittelausschuss der EU empfiehlt jedoch nur 1,1 mg. Bei Kalzium liegt die allgemeine Aufnahmeempfehlung von Seiten der DGE bei 1000 mg Kalzium pro Tag für Erwachsene, die WHO hingegen empfiehlt nur 450 mg. Nach Ansicht von *Veganern* sind die hohen Kalziumverzehrempfehlungen sogar eine fragwürdige Reaktion auf die durch den hohen Konsum tierischer Proteine ausgelösten Kalziumverluste. Gemäß Dr. Helmut Oberritter von der DGE „ist die empfohlene Zufuhr aber nur eine Zielgröße, um die ausreichende Zufuhr des jeweiligen Nährstoffs angenähert sicherzustellen. Eine tägliche Nährstoffzufuhr in Höhe der Empfehlung macht eine unzureichende Versorgung sehr unwahrscheinlich. Eine Unterschreitung der empfohlenen Zufuhr erlaubt nicht zwangläufig den Rückschluss auf einen Mangel, sondern erhöht nur die Wahrscheinlichkeit einer Unterversorgung."

Die Referenzwerte der DGE werden von Wissenschaftlern ermittelt. Stellvertretend für die unterschiedlichen Bevölkerungsgruppen wie *Säuglinge*, Jugendliche, Stillende etc. führen Versuchspersonen über einen festgelegten Zeitraum ein genaues Ernährungsprotokoll und notieren ihre Lebensgewohnheiten. Blut- oder Gewebeuntersuchungen der Teilnehmer geben Aufschluss darüber, wie viel von dem jeweiligen Vitamin oder Mineralstoff im Körper typisch ist. Individuelle Unterschiede werden durch einen Sicherheitszuschlag von etwa 20–30 % berücksichtigt. Im Jahr 2000 wurden die Referenzwerte nach zehn Jahren erneut überprüft und gelten für ca. 50 Millionen gesunde Deutsche. Sie wurden für Vitamin C, Vitamin E, Folsäure, Kalzium, Magnesium und Jod nach oben korrigiert. Aber auch reduziert hat man bestimmte Referenzwerte: Zink, Eisen und Vitamin B_6 benötigt man nicht so viel wie ursprünglich angenommen. Bei der Erhöhung von Vitamin C hat man die Tatsache berücksichtigt, dass dieses Vitamin das Immunsystem stärkt, wodurch die höhere Zufuhr gerechtfertigt ist.

Die unterschiedlichen Empfehlung der verschiedenen Ländergremien bekommt nun noch einen interessanten Aspekt durch die *Nahrungsergänzungsmittel*: Wie Sie bereits aus Kapitel III wissen, dürfen sie Vitamine (weniger bei Vitamin A und D) nur in einer Tagesdosis enthalten, die nicht mehr als das Dreifache der von der Deutschen Gesellschaft für Ernährung empfohlenen täglichen Zufuhr beträgt (BgVV-Information, 17. März 2000; BgVV heute: BfR: Bundesinstitut für Risikobewertung). Enthalten die *Nahrungsergänzungsmittel* höhere Vitaminmengen, werden sie als Arzneimittel eingestuft. Aber wir sind nun mal Mitglied der EU, und da wurden Beschränkungen, die den offenen Handelsverkehr behindern, beseitigt. Das bedeutet: *Nahrungsergänzungsmittel*, die in anderen Mitgliedstaaten der EU gemäß den dort geltenden Bestimmungen hergestellt werden, dürfen auch nach Deutschland exportiert werden. Nur wenn konkrete „zwingende Gründe des Gesundheitsschutzes" vorgebracht werden können, kann man dies verhindern. Rechtsanwalt Thomas Mettke aus München meint dazu: „Dies aber ist in den seltensten Fällen möglich. So ergeben sich für inländische und ausländische Anbieter unterschiedliche Voraussetzungen für die Vermarktung, ein auf Dauer untragbarer Zustand" und „... gerade bei Vitaminen und Mineralstoffen sowie insbesondere bei Lebensmitteln mit Zusätzen von Vitaminen und Mineralien ist Europa von dem Idealbild des Binnenmarktes noch weit entfernt. Die Mitgliedstaaten treffen ihre Entscheidungen nämlich in Wirklichkeit nicht nur aufgrund objektiver wissenschaftlicher Kriterien.

Hinzu kommt, dass die Ernährungsgewohnheiten unterschiedlich sind, was auch mit dem jeweiligen Klima des Landes und den traditionellen Produkten zu tun hat. Manche Staaten greifen weniger regelnd in das Leben ihrer Unternehmen und Bürger ein, lassen ihnen mehr Eigenverantwortung, während andere auf vielen Gebieten eine Vielzahl von Detailregeln erlassen. Die in diesem Punkt liberalen Staaten (z. B. Großbritannien, Belgien oder Österreich) erlauben, was gesundheitlich unbedenklich ist. Doch selbst sie kommen hinsichtlich der Unbedenklichkeit einzelner Vitamine oder Mineralien zu unterschiedlichen Ergebnissen." Woran liegt es nun, dass die Empfehlungen sogar innerhalb der Bundesrepublik unterschiedlich sind?

Dafür gibt es verschiedene Gründe:

- zum einen ist es schwierig, den Bedarf ganz genau zu ermitteln. Um einen Durchschnittswert festzustellen, sind viele Tausend Versuchspersonen nötig. Ein teures Unterfangen.
- Der exakte Vitaminbedarf ist individuell verschieden. Nicht jeder oder jede benötigt genauso viel wie sein oder ihr Nachbar oder die Freundin bzw. der Freund. Man kann den genauen Vitaminbedarf nur abschätzen, wenn man die Lebensumstände kennt, z. B. Raucher oder Nichtraucher, Vegetarier oder *Veganer*, normaler Mischköstler oder Alkoholiker.
- Der individuelle Bedarf ist zeitlich verschieden, wenn sich die Lebensumstände ändern. Hat man im Moment viel Stress, ist der Bedarf erhöht. Hat man mit dem Rauchen aufgehört, braucht man weniger. Hat einem eine Erkältung erwischt, so benötigt man plötzlich sehr viel mehr Vitamin C usw., usw.
- Die Wirkung von Vitaminen und Mineralstoffen wird von anderen Vitaminen, Mineralstoffen sowie anderen Nahrungsbestandteilen beeinflusst.
- Gerade in Deutschland wird ein Sicherheitszuschlag empfohlen. Verliert man doch z. B. bei Vitamin C erhebliche Mengen durchs Kochen. Ohne diese Verluste würden vielleicht doch 30 mg ausreichen.
- Zunehmend mehren sich Hinweise, dass bestimmte Nährstoffe auch vorbeugende Wirkungen haben, die über die Verhütung von Mangelkrankhei-

ten hinausgehen, so eine *krebsvorbeugende* Wirkung, die Verhütung von Arteriosklerose etc. Neue Daten sprechen dafür, dass Vitamin K vorbeugend gegen *Osteoporose* wirkt. Entsprechend wurden und werden die Bedarfsmengen bei verschiedenen Vitaminen und Mineralstoffen erhöht.

- Dann entdeckt man Neues. So hat man in Weiß-, Grün- und Rotkohl eine Vorstufe von Vitamin C gefunden, das „Ascorbigen". Es wird durch Erhitzen in aktives Vitamin C umgewandelt, obwohl höhere Temperaturen ansonsten das Vitamin zerstören. Also müsste der Vitamin-C-Gehalt in diesem Gemüse an die neue Erkenntnis angepasst werden.

Aber nicht nur der allgemeine Vitamin- und Mineralstoffbedarf ist schwierig einzuschätzen. Auch der Vitamingehalt der verschiedenen Lebensmittel ist von vielen Faktoren abhängig wie z. B.: Wetterverhältnisse während des Anbaus, Anbaubedingungen, Erntezeit, Lagerhaltung und -Dauer, Sorte, etc. (s. Kapitel XII: „Die Ackerböden sind ausgelaugt … eine Lüge?").

Was also tun? Es ist im Grund ganz einfach: Eine gesunde, vollwertige, abwechslungsreiche Mischkost mit Rohkost wie Salate und Obst ist der beste Garant für eine ausreichende Vitamin- und Mineralstoffzufuhr – auch ohne tägliche Kontrolle der empfohlenen Tageszufuhr.

Die von der DGE (s. Lexikon) empfohlenen Werte, die gemeinsam mit den Fachgremien aus Österreich und der Schweiz erarbeitet werden, sind so berechnet, dass sie für 97,5 % der gesunden Bevölkerung ausreichen.

Obst – ob einheimisch oder nicht: eine wunderbare Vitaminquelle – wer ergänzen will: Spirulina ist eine natürliche Möglichkeit

Bild: Sanatur GmbH

Kapitel IX

Babys an den Tropf! Künstliche Vitamine schon für Säuglinge?

Um mit den Worten von Prof. Michael Lentze, dem Direktor der Kinderklinik der Universität Bonn zu sprechen: „Die Ernährung von *Kindern* und Jugendlichen ist ein bedeutender Zeitpunkt zur *Prävention* (Vorsorge) von durch die Ernährung mit bedingten Zivilisationskrankheiten wie Herzkreislaufkrankheiten auf der Basis von Atherosklerose und Hypertonie (Bluthochdruck), Adipositas (krankhafte Fettsucht), *Osteoporose*, Gicht, Diabetes mellitus Typ I und manche Krebsformen wie Magen-, Darm- und Brustkrebs." Das heißt: auf die Ernährung von *Kindern* und Jugendlichen sollte der Gesetzgeber ein besonderes Augenmerk haben. Aber wie sieht es damit aus?

Zuerst einmal stellt Prof. Dr. Lentze fest, dass es bei einer konventionellen Mischkost, bei der regelmäßig Milchprodukte, Gemüse, Getreide, Obst und Fleisch gegessen werden, **zu keinerlei Unterversorgung mit Vitaminen bei *Kindern* kommt**. Auch in der so genannten *Donald-Studie*, die seit 1986 am Forschungsinstitut für *Kinderernährung* in Dortmund läuft, wurde festgestellt, dass die Versorgung der *Kinder* im Allgemeinen gut ist. Davon ausgenommen ist das 1. Lebensjahr hinsichtlich der Vitamine D und K. „Allein in Familien mit alternativer Ernährung oder Außenseiter*diäten* wie Makrobiotik, sind Fälle von schwerem Vitamin-B_{12}-Mangel und auch Vitamin-D-Mangel beschrieben worden." Prof. Lentze berichtet allerdings, dass in der Normalbevölkerung ein erhöhter Bedarf an Vitaminen bei *Kindern* als Tatsache angenommen wird. Entsprechend werden Kinderärzte oft um die Verschreibung von Vitaminsäften gebeten, wenn häufig Infektionen auftreten. Dies wird von einer Studie aus England gefördert, bei der eine Verbesserung der Intelligenz festgestellt wurde, wenn sie über eine längere Zeit ein Multivitaminpräparat erhielten. Diese Studie weist jedoch erhebliche Mängel auf und konnte durch spätere Untersuchungen nicht bestätigt werden. Entsprechend formuliert es Prof. Dr. Lentze: „... es kann aber ... gesagt werden, dass eine zusätzliche Vitaminverabreichung in Form von *Multivitaminpräparaten* an gesunde *Schulkinder* nicht notwendig ist." Dennoch erhalten *Kinder* nach der *Donald-Studie* in 8 bis 16 % aller Familien *Nahrungsergänzungsmittel*. „Das ÖKO-TEST-Magazin hat diese Mittel eigens getestet, kein einziges war zu empfehlen", kann man im ÖKO-TEST-Kompakt Vitamine nachlesen.

Säuglings- und *Kleinkindernahrung*

Prof. Dr. Kurt Widhalm von der Universitäts-Klinik für *Kinder-* und Jugendheilkunde in Wien/Österreich stellt fest: Am besten für das Kind ist immer noch die Muttermilch, sowohl für Reif- als auch Frühgeborene. Derselben Meinung ist Frau Dr. Sievers von der Universitäts-Kinderklinik Kiel. Sie empfiehlt das Stillen 4–6 Monate lang. Die Muttermilch enthält alle Vitamine und Mineralstoffe in dem Verhältnis, wie sie das Baby braucht – und ihre Nährstoffzusammensetzung passt sich den Bedürfnissen des wachsenden Säuglings an. Die Bedarfswerte für Vitamine und Spurenelemente sowie Mineralstoffe werden bei *Säuglingen* auch entsprechend dem Gehalt in Muttermilch festgelegt. Bei gestillten *Kindern* ist eine Zufütterung von künstlichen Vitaminen nur bei Vitamin D im ersten Lebensjahr und Vitamin K gleich nach der Geburt erforderlich. Bei vielen Vitaminen ist die Aufnahme aus der Muttermilch besser als aus künstlichen *Vitaminpräparaten*. Dasselbe gilt für Mineralstoffe wie Eisen oder Zink sowie Molybdän. Bei Frühgeborenen muss der Kinderarzt Vitamine unter Umständen zusätzlich künstlich zugeben – auch trotz Stillens – damit der Bedarf auf alle Fälle gedeckt ist.

Was tun, wenn es mit dem Stillen nicht klappt?

Wenn es mit dem Stillen nicht klappt, muss man beim Milchersatz ganz besonders darauf achten, dass alle notwendigen Nährstoffe in der richtigen Menge enthalten sind. Nicht alle Produkte sind geeignet. Dabei rät selbst Marion Lange von der UGB (Verband Unabhängiger Gesundheitsberater Deutschlands e. V.) als Muttermilchersatz nur industriell hergestellte Säuglingsnahrung zu verwenden – im Handel unter der Bezeichnung „Säuglingsanfangsnahrung" bzw. „Pre" zu finden. Sie können die gesamte Milchnahrungszeit hindurch gegeben werden. Im Krankenhaus wird meist damit begonnen. Sie ist in ihrer Zusammensetzung weitgehend der Muttermilch angepasst. Außerdem enthält diese Milch gesetzlich festgelegte Mengen an Vitaminen und Mineralstoffen. „Die Zusammensetzung der Säuglingsanfangsnahrungen ist durch Verordnungen auf EG-Ebene festgelegt", so Dr. Erika Sievers von der Universitäts-Kinderklinik in Kiel. Die Grundlage dafür ist Kuhmilch oder Soja. Wird nur Kuhmilch verwendet, ist die Bezeichnung „Säuglingsmilchnahrung" üblich. Für Nahrungen auf der Basis von Soja sind höhere Zink- und Eisengehalte erforderlich. Auch Vitamin D wird nach einer neuen EG-Richtlinie sowohl in Säuglingsanfangsnahrung oder-milch bzw. Folgenahrung und -milch zugegeben, so dass die übliche Vitamin-D-Zufuhr in Tablettenform eigentlich nicht in diesem Umfang erforderlich ist – so Prof. Lentze.

Die Zubereitung dieser Nahrung erfolgt mit Trink- bzw. Leitungswasser. Selten muss man auf „abgepacktes Wasser" zurückgreifen, z. B. bei erhöhtem Nitratgehalt oder extrem hohem Kupfergehalt. Bei letzterem vermutet man, dass zu hohe Kupfergehalte an Leberzirrhosen des Kindes schuld sind.

Besonders wichtig ist, dass der Milchersatz Biotin enthält. Prof. Dr. Klaus-Henning Krause vom Friedrich-Baur-Institut des Klinikums Innenstadt der LMU in München weist darauf hin, dass man einen Zusammenhang zwischen dem Syndrom des plötzlichen Kindstodes und einer Biotinverarmung vermutet. Die Leber betroffener *Säuglinge* enthielt eindeutig weniger Biotin als die von gleichaltrigen *Kindern,* von denen man die Todesursache kennt. Prof. Krause vermutet: Möglicherweise kommt es aufgrund eines niedrigen Biotingehalts in den Fertignahrungsmitteln zu einem relativen Mangel, der die *Kinder* anfälliger für dieses Syndrom macht."

In der Regel erhält der Säugling nach dem Krankenhausaufenthalt gleich Säuglingsmilchnahrung mit der Ziffer „1" (adaptiert) als Muttermilchersatz. Vitamine und Mineralstoffe sind auch hier vorgeschrieben. Sie stammen sogar bei Bio-Produkten aus konventioneller Herkunft und sind nur ausnahmsweise gestattet. Normalerweise sind künstliche Vitamine bei Bio-Lebensmitteln nicht erlaubt. Da jedoch die Einhaltung der gesetzlichen Vorschriften unabdingbar ist, wurde ausnahmsweise auch für Bio-Baby- und -*Kinderkost* der Zusatz künstlicher Vitamine gestattet. Die Firma Holle aus der Schweiz versichert, dass sie zumindest nicht gentechnisch hergestellt werden.

Seltsame Beikostregelungen

Es wird empfohlen, einen Säugling mindestens vier, höchstens jedoch sechs Monate voll zu stillen. Eltern mit einer Veranlagung für *Allergien* wird zur Vorbeugung eine Stilldauer von mindestens 6 Monaten empfohlen. Danach ist die Beikost zur Deckung des Eisen-, Kalzium- und Vitaminbedarfs erforderlich. Unter Beikost versteht man Lebensmittel, die ab einem Alter von 5 Monaten gegeben werden, um die „Entwöhnungsperiode" des Säuglings sowie die allmähliche Umstellung auf „normale Kost" einzuleiten. Generell kann „Beikost" selbst zubereitet oder auf Fertigkost zurückgegriffen werden. Letztere unterliegt den gesetzlichen Vorschriften.

Der **erste Brei** sollte gemäß FKE (Forschungsinstitut für *Kinderernährung,* Dortmund) ein Gemüse-Kartoffel-Fleisch-Brei sein, industriell hergestellt entspricht dies den Baby-/Junior-Menü-Gläschen. Das Fleisch ist für die Versorgung mit Eisen gedacht. Allerdings ist aus Sicht der Vollwerternährung eine tägliche Fleischgabe nicht unbedingt nötig. Statt dem täglichen Fleisch werden stattdessen 10 g feine Vollkornflocken oder Vollkornmehl empfohlen. Um die Aufnahme des Eisens aus pflanzlichen Lebensmitteln zu erleichtern, sollte dem Brei nach dem Kochen ein Vitamin-C-reicher Saft (z. B. Orangensaft) zugesetzt werden. Obstmus aus Kiwi oder Beeren (wenn es das Kind verträgt) hilft hier, damit das Kind den Mineralstoff aufnehmen kann. Darauf folgt ein **Getreide-Obst-Brei,** und schließlich der Vollmilch-Getreide-Brei, fertig als Getreide-Obst-Brei-Gläschen im Handel.

In konventionell hergestellten Vollmilch-Getreide-Breien können sich eine ganze Reihe **unnötiger Zusätze** befinden wie z. B. gefriergetrocknetes Obstpulver, Emulgatoren (s. Anhang, Lexikon) oder künstliche Vitaminmischungen.

Das Gesetz verordnet Kunstzusatz

Für *Säuglinge* ab fünf Monaten und für Kleinkinder bis zu drei Jahren sind Mindestgehalte an Vitaminen und Mineralstoffen sowie Höchstmengen an Fett oder Kohlenhydraten gesetzlich vorgeschrieben. Da sich die geforderten Werte für Vitamine nicht mit vorhandenen Gehalten natürlicher Rohware erreichen lassen, muss z. B. bei Getreidebeikost das künstliche Vitamin B_1 (Thiamin) zugegeben werden.

Dieser künstliche Vitaminzusatz – z. T. also bereits im Säuglingsalter – wird auf ein **„Versehen im Gesetzgebungsverfahren“** (!) zurückgeführt. Dieses „Versehen“ zwingt auch Bio-Anbieter von Getreideprodukten für *Säuglinge* und Kleinkinder – entgegen ihrer Firmen-Philosophie – die künstlichen Zusätze hinzuzufügen.

Auch Vollmilch darf – entgegen wissenschaftlicher Meinung – für die Breie nicht mehr empfohlen werden, da sie ansonsten die Höchstmenge an Fettzusatz überschreiten würden.

Fertige Milchbreie müssen außerdem zusätzliche Gehalte an Vitamin **A und D** vorweisen. Bio-Varianten gibt es davon allerdings nicht.

Auch aufgrund dieser Vorschriften stellen viele Eltern ihre Beikost lieber selber her – denn nötig ist der Kunstzusatz nach Meinung des FKE nicht. Initiativen, das Gesetz wieder abzuschaffen, gibt es, und es ist tatsächlich geplant, die gesetzlich geforderten Vitamingehalte zu reduzieren.

Wenn Sie auf den künstlichen Zusatz verzichten wollen, so bietet z. B. die Firma ErdmannHauser GmbH, Erdmannhausen als Alternative aufgeschlossene Getreidenahrung „für die Ernährung in besondere Lebensphasen“ an. Ihr Kind erhält damit die erforderliche Vitaminmenge ohne künstlichen Zusatz und Getreide in einer Form, die das Baby verträgt.

Nur Gesundes in Kinderfertigkost?

Gläschenkost wird nicht immer entsprechend den ernährungswissenschaftlichen Empfehlungen hergestellt und enthält oft zu viele Vitaminzusätze, manchmal auch zuviel Salz. Da die Nieren eines Kleinkindes es nicht so rasch ausscheiden wie Erwachsene, kann es bei zu hohem Salzkonsum zu Nierenschäden kommen.

Kinder bis zum Ende des dritten Lebensjahres sollten überhaupt kein zusätzliches Kochsalz bekommen – auch bei selbstgemachter Kost nicht.

Babytees und -säfte

Eine EG-Richtlinie fordert für Gemüse- und Obstsäfte einen Mindest-Vitamin-C-Gehalt von 25 mg/100 ml. Dies erfordert den Zusatz von künstlichem Vitamin C zu den meisten Säften, da der natürliche Gehalt nicht ausreicht. Als Beispiel sei Karottensaft erwähnt, der von Natur aus wenig Vitamin C enthält. Nur mit Hilfe der – wie bereits erläutert – massiv Vitamin-C-haltigen Acerola-Kirsche ist es möglich, ohne das Kunstprodukt auszukommen. Diese „Vitamin-C-Kirsche“ (siehe Bilder beim Vorwort, Kapitel III und V) wird von den Lieferanten für Naturkostläden eingesetzt, um künstliches Vitamin C zu vermeiden.

Babysäfte sind für die Gesundheit des *Kindes* nicht erforderlich. Genausowenig wie die künstliche Vitamin-C-Gabe, da die Zufuhr des Vitamins bei *Säuglingen* sowieso bereits über den Empfehlungen liegt. Man kann auch die preisgünstigeren ungezuckerte Säfte für Erwachsene kaufen – am besten Biosäfte, um vor Pestiziden sicher zu sein. Ihnen werden auch keine künstlichen Vitamine zugesetzt.

Fazit: Die besten Durstlöscher für Ihr Kind sind Wasser und ungesüßte Tees! Zusätzliche Vitamine benötigt weder das Baby noch das Kleinkind.

Auch ältere *Kinder* erhalten überflüssige künstliche Vitamine

Die Zeitschrift ÖKO-TEST berichtete bereits in ihrer Ausgabe vom Januar 1998, dass in der *Kinderernährung* vermehrt auf mit Vitaminen angereicherte Lebensmittel gesetzt wird – obwohl viele dieser Vitamine gar nicht gebraucht werden. Zumeist verwendet man Vitamin C, da es in der Herstellung billig ist. Hier ist jedoch das Dortmunder Institut für *Kinderernährung* der Ansicht, dass *Kinder* und Jugendliche bereits seit Jahren mehr Vitamin C aufnehmen, als von der DGE (Deutsche Gesellschaft für Ernährung) empfohlen wird. Dagegen wird Folsäure, die in der Herstellung deutlich teurer ist, nicht zugegeben, obwohl es viel eher notwendig wäre. ÖKO-TEST kommentiert folgerichtig: „Vitamin-Zusätze gehen am Mangel vorbei."

Kinder brauchen keine Lebensmittel, die künstlich mit Vitaminen oder Mineralstoffen angereichert werden. Sie können genau dasselbe essen wie Erwachsene, nur von allem ihrem Alter entsprechend weniger.

Die Verbraucherzentrale Bayern warnt: „Es gilt zu bedenken, dass fast alle speziell für *Kinder* angebotenen Lebensmittel schon mit Vitaminen und/oder Mineralstoffen angereichert sind." Dabei tritt ein zusätzliches Problem auf: Die empfohlene Aufnahmemenge richtet sich oft genug nach den weit höheren Empfehlungen für Erwachsene. Es bleibt nichts anderes übrig, als die Zutatenliste zu studieren und darauf zu achten, ob als Bezugsgröße die DGE-Werte für *Kinder* angegeben sind – wenn man schon die zumeist überflüssigen *Kinderlebensmittel* reicht.

Die Verbraucherzentrale Bayern weist darauf hin, dass Milchsnacks das tägliche Glas Milch eben nicht ersetzen können. Laut der lobenswerten Institution nutzen viele Lebensmittelhersteller das positive Image der Milch und werben, als enthalte das Produkt viel frische Milch. „Milchsnacks oder Milchriegel können stattdessen aber nur Magermilchpulver, Butterschmalz und Milchzucker enthalten", sagt Heidrun Schubert, Ernährungsexpertin der Verbraucherzentrale Bayern. „Diese verarbeiteten Milchbestandteile liefern weniger Kalzium und Vitamine als frische Milch. Selbst wenn tatsächlich Vollmilch in der Zutatenliste aufgeführt wird, ist die Menge meist sehr gering", so Schubert. „Um damit seinen täglichen Kalziumbedarf decken zu können, müsste ein Jugendlicher ungefähr 20 Milchsnacks essen." Wiegt ein Riegel 28 Gramm, so kann man von etwa 11 g Milch ausgehen. Der Rest: vor allem Zucker und Fett. Entsprechend ist ein Milchsnack für die Verbraucherzentrale eine Süßigkeit und keine gesunde Zwischenmahlzeit. Ihre Empfehlung: „Kein noch so toll beworbener Milchsnack kann das tägliche Glas Milch ersetzen." Das Kalzium in Milch, Joghurt und Käse reicht völlig aus. Sie sind die besten Kalziumlieferanten, ohne überflüssigerweise künstlich angereichert zu sein.

Kapitel X

Bio-Obst und -Gemüse – vitamin- und mineralstoffreicher?

Immer wieder liest man, dass *Bio-Obst* und *Bio-Gemüse* vitamin- und mineralstoffreicher ist. Die Gegner von Bio-Kost versuchen dies gern zu widerlegen. Einfach sind derartige Untersuchungen nicht durchzuführen, da der Vitamin- und Mineralstoffgehalt von Obst, Gemüse und anderen Nahrungsmitteln von vielen Faktoren abhängig ist, wie z. B. Dauer des Transports, Art der Lagerung (s. dazu auch mein „Multi-Vitamin-Kochbuch“: Kapitel Zubereitungs- und Lagerungsfehler vermeiden), Sonnenexposition, Sorte, Standort, Witterungsverlauf bzw. klimatische Bedingungen, Erntezeitpunkt, Lagerzeit, Transportbedingungen, Reifegrad etc. In vielen Untersuchungen werden „Äpfel mit Birnen“ verglichen und das Ergebnis kann gar nicht richtig sein. Jedoch gibt es inzwischen auch hervorragende wissenschaftliche Tests, die belegen, dass *Bio-Obst* und *Bio-Gemüse* tatsächlich vitamin- und mineralstoffreicher ist. Aber auch hier gilt: altes oder gar verschrumpeltes Obst und Gemüse hat viele Vitamine verloren und sollte dann auch im Laden liegen bleiben, Bio hin oder her. Sehen wir uns doch zwei große Studien zu dem Thema einmal genauer an:

Alberta Velimirov vom Ludwig-Boltzmann-Institut in Österreich und der Risikoforscher Werner Müller (s. Anhang, Literatur) untersuchten 175 Studien, in denen konventionelle und Bio-Lebensmittel miteinander verglichen wurden.

Es fanden sich folgende Ergebnisse:

- In **Bio-Kartoffeln** wurden deutlich höhere Mengen an Mineralstoffen und Spurenelementen (Phosphor, Magnesium, Natrium, Mangan, Eisen, Kobalt, Kupfer, Zink, Selen und Nickel) gefunden, dafür weniger vom gesundheitsschädlichen Cadmium.
- **Bio-Weißkraut** enthielt 30 % mehr Vitamin C
- Bio-Äpfel hatten höhere Vitamin-C-Gehalte
- Organisch gedüngte (d.h. ohne Kunstdünger, sondern mit Mist u. a. natürlichen Düngersubstanzen) **Tomaten** hatten deutlich mehr Vitamin C. Man führt den Vitamin-C-Verlust konventioneller Tomaten auf die einseitige Stickstoffzufuhr durch Kunstdünger und den Einsatz an Herbiziden (Gifte gegen Unkraut) im konventionellen Landbau zurück.

- Bio-Zwiebeln enthielten deutlich mehr Mineralstoffe und Spurenelemente (u.a. Kalzium, Magnesium, Bor, Wismuth und Selen).

Auch die Senatsarbeitsgruppe der Bundesforschungsanstalten (s. Literaturverzeichnis) fertigte eine völlig neue, umfangreiche Literaturstudie zur Bewertung von Lebensmitteln aus unterschiedlichen Produktionsverfahren an. Die Studie brachte folgende Ergebnisse:

- Generell besteht bei Gemüse und Obst aus ökologischem Anbau die Tendenz zu einem höheren Trockenmassegehalt und höheren Gehalten an sekundären Pflanzenstoffen (s. Anhang, Lexikon, s. hierzu auch mein Buch „Essen ohne Risiko – Bio die Alternative“ vom Umschau Verlag: Kapitel „Profitin oder: Die Kunst der Erzeuger, Wasser in Fleisch u. a. Produkte zu verwandeln“).
- Auch hier wurde teilweise in ökologisch erzeugten Produkten höhere Vitamin-C-Konzentrationen und geringfügig erhöhte Mineralstoffgehalte, insbesondere bei Eisen, gefunden.

Frau Dr. Kirchhoff (s. Anhang, Literatur) zeigte in ihrem Bericht für die DGE (erschienen im Dezember 2004), dass eine gesteigerte Stickstoffdüngung, wie sie mit Kunstdünger üblich ist, zu einer deutlich erkennbar verminderten Vitamin-C-Konzentration in Pflanzen führt wie z. B Orangen, Zitronen, Grapefruit und Mandarinen sowie den Gemüsearten wie Blumen- und Weißkohl, Eissalat und Lauch. Sie fand allerdings auch, dass dies bei Kopfsalat nicht zutrifft. Als Ursache der verringerten Vitamin-C-Gehalte wird ein Verdünnungseffekt durch das gesteigerte Wachstum der Pflanzen durch die hohe Stickstoffzufuhr vermutet.

Aber *Bioprodukte* kauft man vorrangig wegen ihrer geringen Schadstoffbelastung und nicht nur aufgrund höheren Vitamin- und Mineralstoffgehalts. Es wird Wert darauf gelegt, dass sie entsprechend der Saison angeboten wer-

Sogar die vitalstoffreiche Algenart Spirulina gibt es in Bio-Qualität nach Naturland Richtlinien

den und aus der Region stammen, also geringe Transportwege und -zeiten aufweisen. Der Vorteil: Das was in der Region wächst, in der es auch verzehrt wird, kann voll ausreifen und muss nicht unreif geerntet werden. Das Obst und Gemüse hat mehr Zeit, Vitamine zu bilden.

Und wer trotz allem auf *Vitamin- und Mineralstoffpräparate* nicht verzichten will: Die EU-Bio-Verordnung verbietet künstlich hergestellte Vitamine, Mineralstoffe und Spurenelemente, daher sind diese Zusätze in Biopräparaten natürlichen Ursprungs. So kommt z. B. Magnesium immerhin zum Teil aus Spinat (s. Kapitel IX, „Die natürlichen Alternativen").

Grundsätzlich kann man sagen, dass derjenige, der vorwiegend frische unbehandelte Nahrung zu sich nimmt, seiner Gesundheit den größtmöglichen Gefallen tut. Da Obst und Gemüse aus kontrolliert biologischem Anbau die geringste Umweltbelastung bedeuten, sollte man sie schon deshalb bevorzugen.

Kapitel XI

Wenn ich mich weiter informieren will: Auf welche Quelle ist Verlass?

Das Angebot an Informationen und Literatur über Vitamine und Mineralstoffe ist unüberschaubar geworden – und die zugehörigen Präparate ebenfalls. Deshalb kann dieses Buch möglicherweise nicht alle Ihre Fragen beantworten. Wenn Sie sich weiter informieren wollen, sollten Sie auf verlässliche Quellen achten, die auf wissenschaftlich gesicherten Daten und Untersuchungen beruhen. Nicht geprüfte Meinungen und Theorien, sollten Sie immer kritisch betrachten. Es kann sein, dass der Autor/die Autorin recht hat, möglich ist aber auch, dass irgendein Verkaufsinteresse dahinter steht. „Bezeichnungen wie ‚Institut für …', ‚Deutsche Gesellschaft für …' oder ‚Europäisches Institut für …' sind leider rechtlich nicht geschützt und können auch von Privatpersonen oder nicht öffentlichen Gesellschaften oder eingetragenen Vereinen gegründet worden sein", so die DGE.

Bei meinen Büchern vom Verlag Neumann-

Neudamm zum Thema Vitamine und Mineralstoffe können Sie sich darauf verlassen, dass nur wissenschaftliche Grundlagen verwendet wurden. Sie können die Quellen auch im jeweiligen Literaturverzeichnis nachlesen. Auch das Werk „Essen ohne Risiko – Bio: Die Alternative“ (erschienen: Umschau Verlag Frankfurt) beruht auf wissenschaftlichem Datenmaterial und kann Ihnen weiterhelfen. Weitere zuverlässige Bücher finden Sie fettgedruckt im Anhang unter der Rubrik „Literaturverzeichnis“.

Die Verbraucherzentrale Bayern warnt: „Im Internet und im Direktvertrieb werden auch Waren von unseriösen Firmen angeboten. Finden Sie auf der Homepage oder den Unterlagen keine Adresse oder nur eine Postfachadresse, sollten Sie misstrauisch sein und von einer Bestellung besser Abstand nehmen.“

Institutionen, denen Sie vertrauen können, von denen verlässliche, seriöse Informationen kommen und die die vorher genannten Kriterien erfüllen, sind z. B. folgende:

Verbraucherzentralen

Verbraucherzentralen werden vom Bund und den jeweiligen Bundesländern finanziert. Sie sind damit unabhängig von industrieller Beeinflussung. Ihre Finanzdecke ist jedoch leider zumeist sehr dünn. Den Geldgebern müssen sie nur einen Rechenschaftsbericht vorlegen, in dessen Rahmen sie die Anzahl der Beratungen angeben und auch ihre Veröffentlichungen vorlegen. Damit ist sichergestellt, dass nur wissenschaftlich gesicherte Daten an die VerbraucherInnen gelangen, die keinen finanziellen Vorteil für die BeraterInnen bedeuten.

Sie bekamen ihren Auftrag als Gegengewicht zu den Produktanbietern. Hier kann man sich über alle Themen rund um die Ernährung beraten lassen und erhält zuverlässige Auskunft – auch über Vitamine und Mineralstoffe. Es gibt viele Begleitbroschüren und andere Veröffentlichungen, die nur das Interesse der VerbraucherInnen im Auge haben.

Adresse:*„Bundesverband der Verbraucherzentralen und Verbraucherverbände – Verbraucherzentrale Bundesverband“: Markgrafenstr. 66, 10969 Berlin, Fax: 030-25800218, e-mail: info@vzbv.de, homepage: www.agv.de Tel.030-258000*, von da erhalten Sie die Verbraucherzentralen in den jeweiligen Bundesländern.

Deutsche Gesellschaft für Ernährung e.V. (DGE)

Die DGE ist ein gemeinnütziger Verein für Gesundheit der Bevölkerung, vollwertiges Essen und Trinken. Sie erhebt auch Ernährungsdaten im Auftrag der Bundesregierung. Hier laufen die meisten Daten zusammen. Tipps zu allen

Ernährungsthemen und -broschüren können Sie hier beziehen.

Internet: www.dge.de; Godesberger Allee 18, 53175 Bonn, Tel.: 0228-3776600. Sandusweg 3, 35435 Wettenberg/Gießen,
Tel.: 0641-80896-0, Fax: 0641-80896-50, Internet: www.ugb.de

Informations- und Dokumentationsstelle am Institut für Ernährungswissenschaft der Justus-Liebig-Universität, Gießen

Datenbanken, Suchmaschinen, Lebensmittelrecht, Nährwerttabellen – viele Informationen rund um die gesunde Ernährung sind hier zu finden.

Goethestr. 55, 35390 Gießen; Tel.: 0641/9939101,
E-Mail: info.ernaehrung@ernaehrung.uni-giessen.de,
Internet: www.uni-giessen.de/nutriinfo

Auswertungs- und Informationsdienst für Ernährung, Landwirtschaft und Forsten (aid)

Hier erhalten Sie zahlreiche Broschüren rund um die Ernährung
Friedrich-Ebert-Str. 3, 53177 Bonn, Tel.: 0228/8499-0, Internet: www.aid.de

Und noch einige zuverlässige Internetadressen:

Bundesinstitut für Risikobewertung (BfR): www.bfr.bund.de
Bundeszentrale für gesundheitliche Aufklärung (BZgA): www.bzga.de
Forschungsinstitut für Kinderernährung (FKE): www.fke-do.de
Bundesministerium für Verbraucherschutz, Ernährung und Landwirtschaft (BMVEL): www.verbraucherministerium.de

DIE TESTER

Die Verbraucherzeitschrift ÖKO-TEST und die Stiftung Warentest

haben sehr viel bewirkt und bewirken noch immer sehr viel. Vergleicht man die Testurteile von vor 10 Jahren mit den heutigen, so wurden viele Schadstoffe reduziert. Nicht alle Firmen versuchen, ihre Produkte entsprechend der Testurteile zu optimieren, aber doch einige. Dies ist ein großes Verdienst der Tester, das man nicht hoch genug schätzen kann. Oft genügt schon ein Testurteil und der Produzent ändert seine Rezeptur, sucht sich bessere Ausgangsstoffe oder ähnliches. In ÖKO-TEST ist das unter der Rubrik „Nachwirkungen“ nachzulesen. Auch dass manche Hersteller unverbesserlich sind, und die einzige Reaktion Klagen gegen ÖKO-TEST sind, ist dort zu erkennen.

Immer wieder wird kritisiert, dass die beiden Testzeitschriften nicht alle Schadstoffe und Kriterien, die aus gesundheitlicher Sicht für VerbraucherInnen wichtig sind, entdecken, und manche bezweifeln den Wert der Urteile. Es stimmt tatsächlich: 100 % der Schadstoffe und Gesundheitskriterien werden nicht entdeckt – dafür gibt es zu viele und: Analysen sind teuer. Daher ist es bewundernswert, dass ÖKO-TEST überhaupt überleben konnte und es erklärt die Tatsache, dass die Deutsche Druck- und Verlagsgesellschaft (DDVG), die Holding aller Beteiligungen der Sozialdemokratischen Partei Deutschlands, im August 2001 die Mehrheit an der Zeitschrift übernommen hat.

Dennoch: Die beiden Institutionen untersuchen bzw. geben den Auftrag, die jeweiligen Produkte nach den wichtigsten gesundheitlich relevanten Kriterien zu untersuchen. Auch sind die chemischen Analysen einwandfrei – sonst wären kostspielige Klagen die Folge.

Kapitel XII.

„Die Ackerböden sind ausgelaugt, deshalb enthält unser Obst und Gemüse zu wenig Vitamine" – eine Lüge?

Wie bereits in der Einführung dargestellt, hört und liest man immer wieder, dass unsere Böden aufgrund der modernen, intensiven Landwirtschaft und der Umweltverschmutzung, explizit dem sauren Regen, ausgelaugt sind. Infolgedessen seien unsere Lebensmittel nicht mehr so nährstoffreich – also vitamin- und mineralstoffreich – wie früher. Vor allem Hersteller von Vitamin- und Mineralstoffpillen, *Nahrungsergänzungsmitteln* (z. B. Vitamine, Mineralstoffe und Spurenelemente) und Vertreter der sog. orthomolekularen (s. Anhang, Lexikon) Medizin verweisen gern auf die schlechte Qualität frischer Lebensmittel, nicht zuletzt in Zusammenhang mit ihren vitamin- und mineralstoffreichen Präparaten. Und genau das ist der Grund für diese Behauptung: Verkaufsinteresse. Denn für die ausgelaugten Böden findet man keine Hinweise in sachlich fundierter, wissenschaftlicher und glaubwürdiger Literatur. Um es mit den Worten von Lebensmittelchemikerin Frau Dr. Kirchhoff von der TU München auszudrücken: „Wissenschaftlich fundierte Untersuchungen liegen diesen Aussagen jedoch nicht zu Grunde." Ist ja auch logisch: Die Früchte sind nach wie vor grün, gelb, rot oder orange: die Farbe besteht zum Teil aus Beta-Carotin – der Vorstufe von Vitamin A oder auch Provitamin A. Die Farbe Grün geht auf den Pflanzenfarbstoff Chlorophyll zurück, der Magnesium enthält. Der Zweck der Farben ist zum Beispiel bei Chlorophyll die Photosynthese (Bildung von Zuckern mit Hilfe von Sonnenlicht in grünen Pflanzen und bestimmten Mikroorganismen). Die Carotinoide, allen voran deren Hauptvertreter ß-Carotin, der gelben und orange gefärbten Früchte und Gemüsesorten schützen die Pflanze vor den schädlichen freien Radikalen, die durch die UV-Strahlung des Sonnenlichts entstehen. Die Pflanze käme ohne sie wohl kaum zurecht. Carotinoide sorgen außerdem dafür, dass die Pflanze das Sonnenlicht besser ausnützen kann.

Pflanzen benötigen auch Mineralstoffe – ebenso wie der Mensch. Ja die Pflanze benötigt sogar in etwa dieselben Mineralstoffe in ähnlicher Konzentration wie wir, damit sie überhaupt wachsen und sich vermehren kann! Mineralstoffe sind z. B. Bestandteil der Zellwände und Enzyme (s. Anhang, Lexikon).

Natrium, Kalium, Kalzium und Magnesium werden für die Regulation des Wasserhaushalts benötigt. Außer Magnesium benötigen Pflanzen Eisen, Kupfer und Mangan für die Photosynthese. Für ihre Atmung benötigen Pflanzen Kupfer und Eisen. *Phosphat* nimmt als Energieüberträger in ihrem gesamten Stoffwechsel eine Schlüsselfunktion ein. Kalzium ist Bestandteil der Zellwand und am Aufbau von Membranen (s. Anhang, Lexikon) beteiligt.

Ein Mangel an einem dieser Mineralstoffe führt dazu, dass die Pflanze ihr Wachstum einstellt, sichtbare *Mangelerscheinungen* aufweist und im Extremfall stirbt – ähnlich dem Menschen. Nur Selen, Jod und Chrom benötigen wir zusätzlich. Und die Dünger berücksichtigen diese Bedürfnisse. Es gibt sie nicht nur mit Stickstoff, Phosphor und Kali. Je nach Standort und Ertragswunsch erhält der Bauer den Dünger mit der Zusammensetzung, die für das Wachstum seiner Pflanzen erforderlich ist – allein schon um den gewünschten Ertrag zu sichern. Die BayWa AG z. B. bietet mehrere 100 Düngersorten an, darunter Dünger der Magnesium oder auch Kalzium enthält – so erfährt man es von Herrn Dinzenhofer, der den Bauern hilft, die richtige Zusammensetzung für die Bedürfnisse seiner Pflanzen zu finden. Auch Dünger mit Mikronährstoffen gehören zum Angebot. Sie können Mangan, Kupfer, Molybdän und sogar Selen enthalten – wenn der Bauer es will. Insbesondere wer Grünfutter für sein Vieh erzeugt, muss darauf achten, dass die Pflanzen die Zusammensetzung aufweisen, die die Tiere, die es „vorgesetzt" bekommen, benötigen. Bei dem vorhandenen Wissensstand wäre es wohl mehr als ungeschickt, gerade die Düngersubstanzen nicht dem Boden zuzuführen, die Pflanzen, Tiere und die Menschen benötigen.

Vitamine befinden sich nicht im Boden, sie werden von der Pflanze selbst gebildet. Dies hat seinen Grund: die Pflanze benötigt sie für zahlreiche Stoffwechselvorgänge. Vitamin K ist ebenfalls Bestandteil des Photosyntheseapparates. Die selbst gebildeten Vitamine C und E schützen auch die Pflanze vor Sauerstoff (s. Antioxidans im Lexikon, Anhang). Vitamin E schützt die Fettbestandteile der Pflanzenzellen. B-Vtamine sind für Enzyme (s. Anhang, Lexikion) der Auf- und Abbaureaktionen des Stoffwechsels erforderlich.

Gäbe es tatsächlich Mineralstoffmängel im Boden und Vitaminbildungsmängel in den Pflanzen, würde dies nicht nur zu Ertragsminderung aufgrund mangelnden Pflanzenwachstums, sondern auch zu sichtbaren Qualitätsmängeln wie z. B. einer hellgrünen Farbe bei Blattgemüse durch *Magnesiummangel* oder schwächer orange gefärbten Karotten, führen. Damit wäre das Gemüse oder auch Obst im Grunde nicht mehr zu verkaufen. Das bedeutet im Umkehrschluss, dass die Bauern alles tun werden, um das zu verhindern.

Ackerböden ausgelaugt?

Selenmangel in unseren Böden? Kein Problem: Die Kokosnuss enthält mehr als genug davon!

Die DGE (s. Anhang, Lexikon) konnte keine überzeugenden Hinweise für die „ausgelaugten“ Böden finden. Dafür hat die DGE eine Literaturrecherche (DAINET, VDLUFA, Internet) durchgeführt und 65 Experten aus Forschungsinstituten für Lebensmittelchemie, Pflanzen- und Gartenbau sowie Forschungs- und Untersuchungsanstalten des Bundes und der Länder befragt. Dass die *ausgelaugten Böden* nicht gefunden wurden, liegt zum einen daran, dass die Böden heute durch reichliches Düngen eher mehr Mineralstoffe etc. enthalten als früher und die Pflanzen sogar nährstoffreicher sein könnten als früher. Ja, es mussten sogar Gesetze verabschiedet werden, die den übertriebenen Mineraldüngereinsatz unterbanden (Düngerverordnung). Der Nährstoffgehalt pflanzlicher Lebensmittel wird im Vergleich zu früher als unverändert beurteilt. „Untersuchungen von Kornproben aus den Jahren 1946–1995 haben z. B. gezeigt, dass der Selengehalt des Getreides sich in den letzten 50 Jahren nicht verändert hat“, so die DGE.

Kupfer wurde z. B. in den 80er Jahre als Düngemittelzusatz in die Böden eingetragen. **Zink** wird besonders dem Schweine- und Geflügelfutter als Zusatzstoff zugesetzt. Eine Zinkverbindung dient zur Vorbeugung gegen Durchfallerkrankungen in der Ferkelaufzucht und wird in der Schweinemast gelegentlich sogar in größeren Mengen beigemischt. **Selen** im Tierfutter (bei Rindern, Schweinen und Geflügel) erhöht die Fleischausbeute. Daher wurde es nahezu flächendeckend eingesetzt. Fleisch und seine Produkte wurden daher zu einer erheblichen Selenquelle, wenn nicht gar zur Hauptquelle. Mit der Gülle gelangen die Mineralstoffe anschließend ebenfalls in deutlich spürbaren Mengen auf die landwirtschaftlichen Nutzflächen.

Um auf die natürlichen Bodengehalte zu kommen: Nur bei Jod, Fluorid und Selen findet man zu wenig in unseren Böden. Das war aber schon immer so! Ursache dafür sind – laut DGE – Auswaschungen im Laufe der erdgeschichtlichen Entwicklung und kein Auslaugen der Böden durch unsere intensive Landwirtschaft der vergangenen 70 Jahre. Aber da Salz von Seiten des Gesetzgebers jodiert wird, Fluor sowieso nur vermeintlich zur Kariesprophylaxe dient und Selen z. B. mit Fleisch, Kokosnüssen und Sesam eher zuviel aufgenommen werden kann, kein Problem. Bei der Gelegenheit sei darauf hingewiesen, dass unsere Schlachttiere überwiegend vitaminangereicherte Futtermittel erhalten, um die Fleischausbeute zu optimieren, so dass der Vitamingehalt von Fleisch und seinen Produkten heute deutlich höher ist als früher. Ob diese künstliche Vitaminisierung allerdings für den Konsumenten sinnvoll ist, sei dahingestellt.

Die von der DGE befragten Experten kommen bzgl. der *ausgelaugten Böden* und dem geringeren Nährstoffgehalt zu folgenden Schlüssen: „Viele von ihnen (den Experten, Anmerkung der Autorin) betrachten die postulierten Zusammenhänge zwischen Landbaumethode, saurem Regen und Boden- bzw. Lebensmittelqualität als rein spekulativ." Die Verbraucherzentrale Bayern kommentiert die Behauptung der *ausgelaugten Böden* so: „Um das Argument der *Nährstoffverarmung* zu untermauern, stützen sich die Anbieter von *Nahrungsergänzungsmitteln* häufig auf den **Vergleich von Nährstoffdaten aus veralteten und neuen Tabellenwerken**." Insbesondere bei den Vitaminen haben sich die Analysemethoden in den letzten Jahrzehnten stark verbessert und sind inzwischen viel genauer. Vergleiche mit älterem Datenmaterial führen häufig zu falschen Schlüssen. Eine Vergleichbarkeit ist so gut wie ausgeschlossen. **Falsche Interpretationen** der heutigen Daten kommen hinzu. Zum Beispiel werden für das Vitamin Folsäure heute völlig andere – feinere, spezifischere und genauere – Analysemethoden angewendet, die zu vollkommen anderen Ergebnissen führen. Ähnliches gilt für Carotinoide, von denen einige in Vitamin A umgewandelt werden können – die sogenannten Vitamin-A-aktiven Carotinoide. Ein Vergleich von alten und neuen Analysendaten ist nur möglich, wenn sämtliche Fakten des Probematerials und der angewandten Analytik bekannt sind. „Solche Daten liegen auf internationaler Ebene nicht vor, sodass weder auf sich verändernde Inhaltsstoffkonzentrationen von pflanzlichen Lebensmitteln geschlossen, noch eine

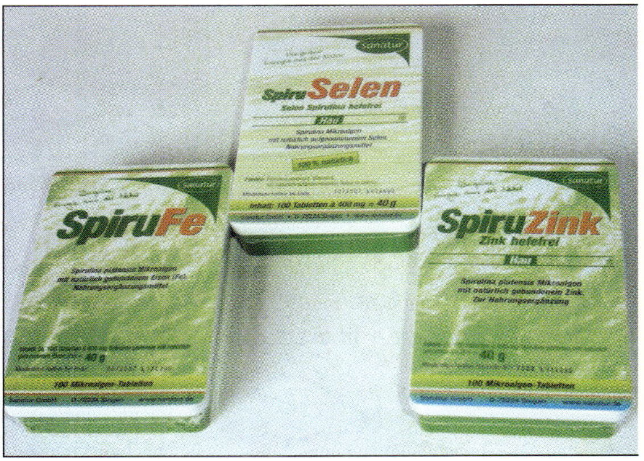

Wie bei Gemüse, enthält Spirulina je nach Anzuchtbedingungen viel Eisen, Zink oder Selen

direkte Darstellung konstanter Daten präsentiert werden kann", so Frau Dr. Kirchhoff, die dies im Auftrag der DGE (siehe Anhang, Lexikon) untersuchte.

Zu den nährstoffärmeren Lebensmitteln meint die DGE: „Noch nie war das Angebot an qualitativ guten Lebensmitteln so reichhaltig und ganzjährig verfügbar. Sich ausreichend, abwechslungsreich und vollwertig zu ernähren, ist heute einfacher und preiswerter möglich als früher. Fortschritte in der Landwirtschaft, der Anbau in Gewächshäusern bei ungünstigen klimatischen Bedingungen (z. B. im Winter) und der weltweite Handel haben wesentlich dazu beigetragen. Nährstoffmangel in der Bevölkerung (sofern er überhaupt vorkommt – Anmerkung der Autorin) ist nicht die Folge „nährstoffverarmter" Böden, sondern die der Fehl- und Mangelernährung."

Ein Mangel an Spurenelementen tritt beim Menschen vor allem in den Regionen der Welt auf, wo die Böden von Natur aus spurenelementarm sind (z. B. Zink im Iran) und die Hauptquellen in der Nahrung eine schlechte Bioverfügbarkeit (s. Anhang, Lexikon) aufweisen wie z. B. Fladenbrote, die viel Phytinsäure enthalten, die bekannterweise Mineralstoffe bindet (s. mein „Mineralstoff-Kochbuch").

Auch die Umweltschadstoffe, die unseren Körper ständig gefährden, können insbesondere durch künstliche Vitamine und Mineralstoffe nicht entgiftet werden. Sogar der saure Regen, der angeblich ein Auslaugen der Böden verursacht, ist nicht stichhaltig. Die landwirtschaftlichen Böden werden regelmäßig gekalkt. Außerdem wird der pH-Wert (Maß für den Säuregrad) kontrolliert, so dass eine Versauerung der Böden damit im Grunde gar nicht möglich ist.

Einflussfaktoren auf den Vitamin- und Mineralstoffgehalt von Pflanzen und Tieren

Grundsätzlich kann man den Vitamin- und Mineralstoffgehalt einer Pflanze nicht ausschließlich auf die Anbaumethode zurückführen. Vor allem der Vitamingehalt ist abhängig vom Erntezeitpunkt, Klima (besonders Licht), Pflanzenabstand, Sorte, Wetterverhältnissen während des Wachstums, Sonnenscheindauer, Stellung der Frucht im Baum bzw. am Strauch, Bodenbeschaffenheit, Düngung, Reifegrad, Lagerungsbedingungen und -dauer, Verarbeitungsgrad und Transportzeiten etc., die entscheidenden Einfluss nehmen. Zum Beispiel verlieren Ananas bzw. Orangen bei einer **Lagerung** von 2 Wochen bei 20°C 20 % ihres Vitamin-C-Gehalts. Tiefgefrorene Himbeeren verschiedener Sorten verlieren etwa 32–57 % (je nach Sorte) ihres Vitamin C innerhalb eines Jahres. Aber auch Zunahmen gibt es bei Lagerung: Bei Kartoffeln zeigte sich neben einem starken Abbau an Vitamin C, Niacin, Folsäure und Vitamin B_2 eine **Zunahme** an

Vitamin B_1 und B_6 innerhalb einer Lagerung von 8 Monaten bei 3–7 °C. Auch Mangos nahmen an Provitamin A zu, da sie während der Lagerung innerhalb von 12 Tagen reiften und damit mehr Carotinoide bildeten, von denen einige die Vorstufe von Vitamin A sind. Im Freiland in der Sonne gereifte Tomaten weisen z. B. einen höheren Vitamin-C-Gehalt auf als im Winter im **Gewächshaus** gezogene. Dies liegt an den **unterschiedlichen Lichtverhältnissen** zu den verschiedenen Jahreszeiten und hat mit mehr oder weniger *ausgelaugten Böden* nichts zu tun. Jedoch wurde durch Gewächshauskulturen erst ein ganzjähriges Angebot an frischen Gemüsen möglich. In diesem Zusammenhang stellt sich die Frage, ob es nicht besser ist, Gemüse oder Salat mit weniger Vitaminen als im Sommer zu essen als gar keine. Eines ist auf alle Fälle klar: die Mineralstoffversorgung von Gewächshausgemüse ist durch die gut kontrollierbaren Anbaubedingungen in der Regel besser regulierbar, als von Freilandgemüse.

Bei Äpfeln kann man die **Abhängigkeit von der Sorte** beim Vitamin-C-Gehalt deutlich sehen: je nachdem, ob Sie Granny Smith (0–3 mg) oder Berlepsch (25–35 mg) verzehren, erhalten Sie mehr oder weniger davon.

Dabei sind auch innerhalb jeder Sorte z. T. relativ hohe Schwankungen festzustellen, **je nach klimatischen Bedingungen** während des Wachstums. Ähnliches stellte man auch bei Untersuchungen an anderen Obst- und Gemüsesorten fest. So schwankt der Vitamin-C-Gehalt der Kiwis zwischen 73 und 241 mg / 100 g, der von Erdbeeren zwischen 32 und 74 mg, der von roter Paprika von 88–243 mg, von Sanddornbeerensaft zwischen weniger als 100 bis 1300 mg, der von Himbeeren zwischen 22 und 31 mg in 100 ml oder g. Dasselbe gilt für andere Vitamine: So schwankt der Folsäuregehalt der Erdbeeren zwischen 0,03–0,069 mg/ 100 g. Am höchsten waren die Unterschiede bei den verschiedenen Sanddornbeeren. Ähnliche Ergebnisse findet man bei den Mineralstoffen: Je nach Sorte schwankt der Kaliumgehalt in Bananen zwischen 300 und 405 mg / 100 g, ihr Kalziumgehalt zwischen 8 und 16, ihr Eisengehalt zwischen 0,8 und 1,4 mg. Kalzium- und Eisenkonzentrationen zeigten Schwankungen zwischen 20 und 115 %.

Auch der **Reifegrad** beeinflusst den Mineralstoff- und Vitamingehalt einer Pflanze enorm. Sogar der Mineralstoffgehalt der Blätter von Tomatenpflanzen schwankt je nachdem, **wie weit entfernt das jeweilige Blatt vom Boden ist!** Je weiter entfernt, desto weniger Mineralstoffe enthält es. Der Gehalt an Kalium, Phosphor, Kalzium und Eisen der Papaya nahm während der Reifung deutlich ab, bei Guaven wurden dagegen höhere Magnesium- und Kaliumkonzentrationen festgestellt. Bei Bananen sank der Gehalt an Natrium, Kalium, Kalzium und Eisen während der Reifung, während der Phosphorgehalt um 40 %, die Magnesiumkonzentration sogar um ca. 275% zunahm. Generell haben verschiedene Gemüse- und Obstsorten unterschiedliche Tendenzen bzgl. des Mineralstoffgehalts während der Reifung. Zusätzlich werden sie von anderen Faktoren wie z. B. der Versorgung der Pflanze mit Nährstoffen, der Bodenbeschaffenheit und – wie bereits dargestellt – von der Sorte beeinflusst.

Auch die Menge des Vitamin C nimmt im Laufe der Reifung bei der *Acerolakirsche*, der Kiwi, der Sanddornbeere, der Orange, dem Apfel, der Grapefruit, der Mango und der Banane ab. Dagegen legt die Tomate, die Paprika, Pfirsich, Aprikose und Papaya zu. Besonders auffällig ist die *Acerolakirsche*. Während der Reifung sank ihr Vitamin-C-Gehalt auf ca. ein Drittel und die der Kiwi auf die Hälfte ab. Die Tomate enthält am meisten Vitamin C, wenn sie vollständig an der Pflanze ausreift. Die Vitamin-B_6-Konzentration bei Mangos zeigte eine Erhöhung um 300 % während der Reifung. ß-Carotin stieg in Papayas während der Reifung (gut sichtbar durch die Intensivierung der Farbe) um 1200 %! Dagegen wirkt die Zunahme um 225% bei Gemüsepaprika schon fast unscheinbar.

Auch die **Sonnenscheindauer**, die eine Frucht oder Gemüse erhalten hat, spielt eine große Rolle. So ist der Vitamin-C-Gehalt umso höher, je mehr Sonne eine Orange erhalten hat. Dies kann auch zu unterschiedlichen Ergebnissen innerhalb ein- und desselben Baumes führen, je nachdem, ob die Frucht eher im Schatten oder an der Spitze in der prallen Sonne gewachsen ist. Derartige Unterschiede sind sogar innerhalb desselben Salates möglich: so nimmt die Konzentration innerhalb eines Salatkopfes von außen nach innen von 38 auf 6 mg/100 g ab. Brokkoliröschen enthalten mehr Vitamin C als der Stängel. Man vermutet, dass dies mit einer höheren Photosyntheseleistung zusammenhängt, die höhere Vitamin-C-Konzentrationen zum Schutz der Pflanze erforderlich macht. Auch die **Niederschlagsmenge** während des Wachstums einer Pflanze wirkt sich aus: Je weniger Wasser die Pflanze erhielt, desto mehr stieg der Vitamin-C-Gehalt. Frau Dr. Kirchhoff von der TU München (s. Anhang, Literaturverzeichnis) vermutet hier einen Schutzmechanismus gegen Hitze- bzw. Trocknungsschäden. Ist die **Durchschnittstemperatur** während des Wachstums erhöht, erniedrigt sich der Vitamin-C-Gehalt in Zitrusfrüchten und auch der ß-Carotingehalt in Brokkoli sank mit einem Temperaturanstieg um 30 % bis 60 % je nach Sorte.

Sie sehen: Der Vitamin- und Mineralstoffgehalt der pflanzlichen und tierischen Lebensmittel ist allenfalls ein Durchschnittswert und geringe oder geringere Werte können die unterschiedlichsten Ursachen haben.

Nicht einmal ansatzweise fand die DGE Hinweise auf nährstoffärmere Lebensmittel durch *ausgelaugte Böden*: „Auch eine tendenzielle Verarmung der Böden an Pflanzennährstoffen in intensiv landwirtschaftlich genutzten Regionen ist auf Grund vorliegender Bodenuntersuchungen nicht erkennbar“, resümiert Prof. Heseker, Universität Paderborn. Die Experten der DGE schätzen den Nährstoffgehalt der Böden im Vergleich zu früher heute sogar als besser ein.

Nicht nur für die Deutsche Gesellschaft für Ernährung e. V. (DGE) steht fest: „Es gibt keinen begründeten Anlass, den Nährstoffreichtum der in Deutschland angebotenen Lebensmittel in Frage zu stellen und vorsorglich zu *Vitamin- und Mineralstoffpräparaten* zu greifen. Das reichhaltige Angebot an frischen, qualitativ guten Lebensmitteln übers ganze Jahr – egal aus welchem Anbau – macht es jedem möglich, sich gesund und vollwertig zu ernähren.“

Auch die neueste Untersuchung von Frau Dr. Kirchhoff, die im Dezember 2004 erschien, kam zu diesem Schluss: „Betrachtet man den Gehalt an Mineralstoffen als Summe in den dargestellten Lebensmitteln, so zeigen sich konstante Werte mit geringen Schwankungsbreiten. Unter den einzelnen Mineralstoffen fallen Natrium und Magnesium mit etwas größeren Schwankungsbereichen auf. Insgesamt liegen die Werte jedoch fast vollständig im Bereich der in der SFKDB 2000 (Souci · Fachmann · Kraut: das derzeitige wissenschaftliche Standardwerk, denen auch die Werte aus dem ersten Abschnitt dieses Buches zu Grunde liegen, Anm. d. Autorin) angegebenen.“ Ebenso liegen die Vitaminkonzentrationen in den ausgewählten Lebensmitteln mit einigen Ausnahmen in den in der SFKDB 2000 (siehe vorher) angegebenen Schwankungsbereichen. Diese Schwankungsbereiche stammen aus den bereits genannten Faktoren wie Sorte, Klima …, die die Vitamin- und Mineralstoffgehalte in den pflanzlichen Lebensmittel beeinflussen und in der Qualität der Daten, die der angewendeten Analytik zugrunde liegen.

„Ingesamt lässt sich aus den vorliegenden Werten keine Tendenz zu sinkenden oder steigenden Nährstoffkonzentrationen der ausgewählten Lebensmittel in dem angegebenen Zeitraum feststellen“, so Frau Dr. Kirchhoff. Derartiges wird nicht nur in Deutschland festgestellt, auch eine Dänische Studie kam zu demselben Ergebnis. Systematisch wurden die für Dänemark repräsentativen und importierten Lebensmittelrohstoffe untersucht und das Ergebnis war identisch den deutschen Erkenntnissen.

Frau Dr. Kirchhoff resümiert: **„Eine deutliche Abnahme bzw. auch ein vollständiges Fehlen von Mineralstoffen und Vitaminen in pflanzlichen Lebensmitteln im Verlauf der letzten Jahrzehnte würde den naturwissenschaftlichen Erkenntnissen der Biochemie der Pflanzen sowie der Botanik widersprechen.“**

Die Stiftung Warentest wird bzgl. der *ausgelaugten Böden* noch deutlicher: „Das ist schlicht und ergreifend Humbug."

Und wenn man doch Bedenken hat: Im Ökologischen Anbau dürfen weder Kunstdünger noch künstliche Pestizide verwendet werden und der Tierbesatz ist eingeschränkt. Schon gar nicht wird die Landwirtschaft so intensiv betrieben wie die konventionelle. Dadurch braucht man dort von vorn herein kein derartiges Auslaugen zu befürchten.

Zusammenfassung und Schlussworte: Das Märchen von ausgelaugten Böden und Vitaminmangel …

Sie haben gelesen, dass man oft gar nicht viel essen muss, um seinen Mineralstoff- oder Vitaminbedarf zu decken. Auch dass es genügend Menschen gibt, die z. B. aufgrund einer Krankheit, ihrer Ernährungsform (z. B. *Veganer*, die auf natürliche Art und Weise kein Vitamin B_{12} aufnehmen können) etc. *Vitamin- und/oder Mineralstoffpräparate* benötigen. Auch alte Menschen, die weniger Nahrung zu sich nehmen, oder Patienten, die an einer Stoffwechselstörung leiden, brauchen selbstverständlich zusätzliche Vitamine, so Prof. H. Biesalski von der Universität Hohenheim. Die Ursache dafür sind jedoch nicht die *ausgelaugten Böden*, sondern ein Mehrbedarf, der natürlicherweise kaum mehr zu decken ist. Dann und nur dann muss der Arzt zu Vitamin- und/oder *Mineralstoffpräparaten* raten. Einige jedoch von denjenigen, die mehr Vitamine benötigen als üblich, können diese auf natürlichem Wege erhalten: z. B. indem man als RaucherIn konsequent mehr Paprika und Zitrusfrüchte isst. **Muss man da dem gesunden Menschen auch noch das Märchen von den *ausgelaugten Böden* erzählen? Ihn bewusst anlügen, um noch mehr „an den Tropf" künstlicher Vitamine und Mineralstoffe zu bringen?**

Dr. Bernhard Watzl, wissenschaftlicher Mitarbeiter am Institut für Ernährungsphysiologie der Bundesforschungsanstalt für Ernährung in Karlsruhe kritisiert: „Ob frisch, im Glas oder tiefgefroren, noch nie war die Ernährungssituation in Deutschland so gut wie heute." Eine ausgewogene vollwertige Ernährung schützt die Gesundheit, und der Körper erhält, was er braucht. Das ganz Jahr über gibt es eine breite Auswahl an Obst und Gemüse. „Viele Bundesbürger ernähren sich dennoch bewusst falsch", kritisiert Watzl in Focus (s. Literaturverzeichnis). „Dann haben sie ein schlechtes Gewissen und greifen zu Vitaminpillen."

Auch Frau Dr. Kirchhoff betont: „Durch eine vollwertige Ernährung, einhergehend mit einem vielfältigen Verzehr an Obst und Gemüse, ist für den gesunden Menschen mit normalem Nährstoffbedarf eine ausreichende Aufnahme von Mineralstoffen und Vitaminen gewährleistet. Der Frischezustand bzw. die Qualität der pflanzlichen Lebensmittel ist sensorisch, also durch Farbe, Konsistenz und Geruch, vom Verbraucher selbst wahrnehmbar." An der Farbe von Früchten und Gemüse kann man nicht nur manche Vitamine (Provitamin A) sondern auch Mineralstoffe erkennen (grün bis dunkelgrün durch Magnesium und Vitamin K). Eine kurze Lagerung bei niedrigen Temperaturen trägt zur Erhaltung der Qualität der pflanzlichen Lebensmittel bei.

Die Folgen einer ungesunden Ernährungs- oder Lebensweise lassen sich bestimmt nicht durch die Einnahme von *Nahrungsergänzungsmitteln* ausbügeln. „Denn die positiven Wirkungen einer gesunden Ernährungsweise gehen über das Schlucken von Pillen hinaus. Pflanzliche Lebensmittel liefern neben Vitaminen und Mineralstoffen auch Ballaststoffe und sekundäre Pflanzenstoffe, die ebenfalls die Gesundheit fördern und das Krankheitsrisiko mindern. Außerdem scheint es so zu sein, dass sich alle Wirkstoffe in ihrer Wirkung ergänzen und in einem gewissen Gleichgewicht zueinander stehen müssen, um ihren positiven Einfluss auf die Gesundheit entfalten zu können", so die Verbraucherzentrale Bayern. Zu Gesundheit, körperlicher und geistiger Fitness ist nicht die Einnahme von *Vitamin- und Mineralstoffpräparaten* Voraussetzung, sondern eine gesunde Lebensführung. „Dazu gehören eine vollwertige, abwechslungsreiche Ernährung, viel Bewegung an frischer Luft, ausreichend Schlaf und auch noch andere Einflussfaktoren wie z. B. eine angenehme Wohnatmosphäre und eine befriedigende Arbeit", so die Verbraucherzentrale.

„Der Vergleich von Nährstoffdaten ausgewählter Lebensmittel über einen Zeitraum von 50 Jahren zeigt keine Abnahme der Vitamin- oder Mineralstoffkonzentrationen", so Frau Dr. Kirchhoff von der TU München.

Aber nicht nur die Behauptung, dass unsere Böden ausgelaugt sind, ist nicht wahr. *Multi-Vitamin- und Mineralstoffpräparate* sollen gegen Herzleiden, Krebs und andere Volksleiden helfen. Auch das konnte in wissenschaftlichen Studien bislang nicht bewiesen werden.

Da hört man schon besser auf Prof. Dr. Claus Leitzmann von der Universität Gießen: „Es scheint verführerisch, einzelne wirksame Substanzen aus Obst und Gemüse zu isolieren." Es wird aber immer deutlicher, dass wir zur Erhaltung unserer Gesundheit die Vielfalt der verschiedenen Obst- und Gemüsesorten benötigen, damit sie ihre positive Wirkung entfalten. „Am besten essen Sie einfach einen Regenbogen der Gemüsefarben, dann können Sie gar nicht falsch liegen", betont der bekannte Wissenschaftler.

Schlussworte

Nicht umsonst stellt die Verbraucherzentrale fest: *Nahrungsergänzungsmittel*, zu denen *Vitamin- und Mineralstoffpräparate* gehören, sind für gesunde Menschen überflüssig! Eine vollwertige Ernährung sollte immer die Basis eines gesundheitsfördernden Essens sein.

Dabei werden weder Verbote noch Gebote ausgesprochen, sondern Grundsätze formuliert und konkrete Empfehlungen daraus abgeleitet. Nicht nur von Seiten der Mineralstoff- und Vitaminversorgung ist diese Ernährung wichtig. Die unterschiedlichsten Spezialgebiete der Medizin wie die der Gastroenterologie (Magen- und Darmerkrankungen), Kardiologie (Herz- und Kreislauferkrankungen), Diabetologie und Onkologie (Krebsbehandlung) sprechen ähnliche Empfehlungen zur Vorbeugung gegen zahlreiche Krankheiten aus.

Die Autoren der „Vollwert-Ernährung", zu denen der bekannte Prof. Dr. Claus Leitzmann gehört (s. Anhang, Literatur) fassen die Grundsätze der Vollwert-Ernährung zu 7 Punkten zusammen:

1. genussvoll und bekömmlich
2. überwiegend pflanzlich
3. bevorzugt gering verarbeitet
4. ökologisch erzeugt
5. regional und saisonal
6. umweltverträglich verpackt
7. fair gehandelt

Obst und Gemüse: Immer war es so wertvoll wie heute!

An dieser kurzen Zusammenfassung sieht man deutlich, dass es überhaupt nicht schwer ist, sich vollwertig zu ernähren. Das wirkt sich nicht nur kurzfristig auf Ihren Geldbeutel aus, sondern auch langfristig, da Ihnen Ihre Gesundheit dauerhaft gesichert wird.

„Die Vorstellung, sich mit *Vitamin- und Mineralstoffpräparaten* eine Garantie auf Gesundheit bzw. einen „Ablass“ für die eigenen Sünden beim Essen zu erkaufen, ist ein zu einfach gedachter, fauler und auch kostspieliger Kompromiss. Wer gesund und fit bleiben oder werden will muss darauf achten, dass die Gesamtbalance beim Essen stimmt, Vitamine und Mineralstoffe sind nur ein kleiner Teil dabei“, stellt die Verbraucherzentrale fest.

„Grundsätzlich gilt: Wer vorwiegend frische unbehandelte Nahrung zu sich nimmt, tut seiner Gesundheit den größtmöglichen Gefallen“, meint nicht nur Hans Krautstein von der Zeitschrift Schrot & Korn.

Und ein Apfel, eine Orange etc. ist doch auch „*Fast Food*“, schließlich muss man Tabletten ja auch aus ihrer Hülle befreien. Kaum mehr Zeit braucht man, um einen Apfel zu waschen, eine Orange oder Banane zu schälen.

In diesem Sinne wünsche ich Ihnen alles Gute für Ihre Gesundheit

Ihre

Dr. Andrea Flemmer

Stichwortverzeichnis

Lexikon mit Erklärung der Fachbegriffe

Antioxidans (Mehrzahl Antioxidantien)

Antioxidantien sind Schutzstoffe, die Reaktionen vom umgebenden reaktiven Sauerstoff, seinen Stickstoffverbindungen mit Fettbestandteilen (auch Cholesterin) von Lebensmitteln und Körpersubstanzen behindern. Auch die äußerst reaktionsfreudigen „freien Radikale" (s. Radikale, freie) können sie unschädlich machen. Wichtige Antioxidantien, die auch wegen anderer Funktionen zugeführt werden müssen, sind Vitamin A, E, C und Selen.

Bioverfügbarkeit

Die Bioverfügbarkeit charakterisiert die Geschwindigkeit und das Ausmaß, mit der bestimmte Wirksubstanzen wie z. B. Mineralstoffe und Vitamine aufgenommen werden. Oft ist dabei die „Umgebung" ausschlaggebend. Das heißt, dass der Vitamin- und Mineralstoffstatus eines Menschen nicht nur von der Menge der zugeführten Mineralien und Vitamine abhängt, sondern auch von ihrer (chemischen) Umgebung. Eisen liegt z. B. in Fleischprodukten als sog. Häm-Eisen vor, das deutlich besser aufgenommen wird als Eisen, wie es in der Regel in Pflanzen vorliegt.

Dasselbe gilt für fettlösliche Vitamine, deren Aufnahme von Fetten und Ölen beeinflusst wird.

D-A-CH-Referenzwerte

Referenzwerte für Vitamine und Mineralstoffe, die gemeinsam von den Fachgremien in Deutschland (D), Österreich (A) und der Schweiz (CH) herausgegeben werden.

Deutsche Gesellschaft für Ernährung e. V. (DGE)

Internet: www.dge.de; Godesberger Allee 18, 53175 Bonn, Tel.: 0228/377 66 00. Die DGE ist ein gemeinnütziger Verein für Gesundheit der Bevölkerung, vollwertiges Essen und Trinken. Sie erhebt auch Ernährungsdaten im Auftrag der Bundesregierung. Die DGE sieht die Vollwerternährung als eine wertvolle Kostform an. Auch sie plädiert für eine Bevorzugung von Vollkornprodukten, für einen erhöhten Verzehr von Gemüse, Salat und Obst, für eine Einschränkung des Fleischverzehrs sowie für die Reduzierung von Zucker und Süßwaren.

Elektrolyte

Natrium, Chlorid und Kalium gehören zu den Elektrolyten. Das bedeutet, dass sie in gelöster Form elektrische Ladungen transportieren.

Emulgatoren

Emulgatoren verbinden eigentlich nicht miteinander vermischbare Stoffe wie z. B. Fett und Wasser, Eiweiß und Luft. Die entstehende Mischung bezeichnet man als Emulsion.

Enzyme (Biokatalysatoren)

Vermutlich Tausende verschiedener Eiweißverbindungen, die dafür sorgen, dass die zahlreichen biochemischen Prozesse in Lebewesen in die für den jeweiligen Organismus vorteilhafte Richtung laufen. Auch bei der Lebensmittelproduktion, vor allem bei der Herstellung von *Fertiggerichten*, werden viele dieser „Bio-Katalysatoren" eingesetzt, so z. B. Alkalasen, die die rote Farbe von Blut entfernen und seinen farblosen Einsatz in anderen Lebensmitteln ermöglichen, ohne dass man es weiß. Viele der technisch verwendeten Enzyme werden heute gentechnisch hergestellt. Da Enzyme ihre „technologische Wirkung" zumeist nicht im Endprodukt haben, müssen sie dann auch nicht in der Zutatenliste aufgeführt werden.

Fermentation

Biochemische Umwandlung von Stoffen durch Mikrooorganismen (Algen, Pilze, Bakterien) oder ihre Enzyme (s. dort).

Homocystein

Homocycstein ist vom chemischen Ursprung her eine Aminosäure (Eiweißbaustein), die jedoch nicht in Eiweiß eingebaut wird. Sie entsteht aus der essentiellen, d. h. lebensnotwendigen Aminosäure Methionin. Erhöhte Homocysteinwerte in der Blutflüssigkeit scheinen mit einem erhöhten Risiko an Thrombosen sowie Herz- und Gehirngefäßerkrankungen wie der Arteriosklerose einherzugehen. Am Stoffwechsel des Homocysteins sind die Vitamine B_{12},B_6, B_2 und Folsäure beteiligt. So können Menschen, die einen etwas erhöhten Homocysteinspiegel haben, auch geringere Folsäuremengen aufweisen und einen Vitamin-B_{12}-Mangel haben.

Kohlenhydrate (auch Kohlehydrate)

Nährstoffe, die aus Kohlenstoff, Wasserstoff und Sauerstoff zusammengesetzt sind, wie z. B. Zucker, Zellulose und Stärke.

Membranen (auch Zell- oder biologische Membranen)

Jede Zelle – also die kleinste, abgeschlossene Einheit des menschlichen und auch des tierischen Körpers – ist durch eine Membran (dünne Wand) von der nächsten und der Umgebung abgegrenzt.

Nährstoffdichte

Summe der Nährstoffe (z. B. Vitamine und Mineralstoffe) bezogen auf den Energiegehalt. Dieser Wert ist sehr wichtig, da unser Energiebedarf mit abnehmender körperlicher Betätigung niedriger wurde, unser Bedarf an Vitaminen etc. zur Erfüllung der Stoffwechselfunktionen jedoch gleichgeblieben ist. Ein Lebensmittel mit hoher Nährstoffdichte enthält viel Vitamine, Mineralstoffe, Spurenelemente, sekundäre Pflanzenstoffe, Ballaststoffe und sonstige wichtige Bestandteile, die für die Gesundheit sehr wichtig sind.

Nahrungsergänzungsmittel (NEM)

Man kann *Nahrungsergänzungsmittel* kurz als **Ergänzungen in lebensmitteluntypi-**

scher Form bezeichnen. Etwas genauer sind *Nahrungsergänzungsmittel* (NEM) Lebensmittel, die einen oder mehrere für den Menschen wichtige Nährstoffe in konzentrierter Form enthalten. Im allgemeinen haben sie eine für Lebensmittel untypische Form, meist Kapseln, Tabletten, Dragees, Kautabletten, Tropfen, Sirupe oder Pulver. Sie sollen die tägliche Nahrung immer dann mit einzelnen Nährstoffen ergänzen, wenn von einer mangelhaften Versorgung auszugehen ist. Das kann bei einem erhöhten Bedarf, z. B. in der Schwangerschaft, der Fall sein, aber auch durch Erkrankungen (Störungen der Aufnahme) hervorgerufen werden. Auch angebliche Defizite des industriellen Nahrungsmittelangebots sollen ausgeglichen werden. Im Einzelfall kann eine solche Ergänzung (Supplementierung) durchaus sinnvoll sein. Sie kann aber weder Dauerstress, noch häufiges *Fast-Food*-Essen, Bewegungsmangel oder Rauchen, kurz einen ungesunden Lebenswandel kompensieren oder gar das Altern verhindern. Sie sind für gesunde Menschen überflüssig. Zu ihnen gehören z. B. *Vitamin- und Mineralstoffpräparate* (etwa ein Drittel der NEM), aber auch Algen- über Knoblauchpräparate bis zum Nachtkerzenöl etc., die gerade modern sind und als neue Gesundheitsbringer beworben werden.

Sie gelten als Lebensmittel des allgemeinen Bedarfs und unterliegen den Bestimmungen des Lebensmittel- und Bedarfsgegenständegesetzes. Die Abgrenzung zwischen *Nahrungsergänzungsmitteln* und Arzneimitteln ist schwierig. Der Grund, nicht als Arzneimittel angeboten zu werden, besteht in einem besonderen Vermarktungsvorteil: der schnelle Start in den Markt. Im Gegensatz zu Arzneimitteln benötigen Lebensmittel vor ihrem Inverkehrbringen keine spezifische Zulassung. Anders Arzneimittel: Sie erfordern die Vorlage von aufwändigen medizinischen, pharmakologischen Zulassungsdossiers mit analytischen pharmakologisch-toxikologischen und klinischen Gutachten (§ 24 Arzneimittelgesetz). Das kostet: Geld und Zeit. Infolgedessen versuchen die Unternehmen Produkte als *Nahrungsergänzungsmittel* und nicht als Arzneimittel auf den Markt zu bringen.

Neuralrohrdefekt

Hier handelt es sich um eine Unterentwicklung von Rückenmark oder Gehirn: aus dem Neuralrohr des Embryos entwickelt sich Gehirn und Rückenmark des Kindes. Schließt sich dieses Neuralrohr nicht oder nur unvollständig, entwickeln sich Missbildungen wie „offener Rücken" oder teilweise bzw. vollständig fehlendes Gehirn. Ein *Neuralrohrdefekt* bedeutet ein lebenslanges Leiden. Querschnittslähmung, keine Kontrolle über Blase und Darm sowie ein Wasserkopf können die Folge sein.

Orthomolekulare Medizin:

Nach Linus Pauling, dem US-amerikanischen Chemiker und Nobelpreisträger versteht man unter orthomolekularer Medizin die Erhaltung einer guten Gesundheit und die Behandlung von Krankheiten durch Veränderung der Konzentrationen von Substanzen im menschlichen Körper, die normalerweise im Körper vorhanden und für die Gesundheit erforderlich sind. Der mittlerweile selbst an Krebs verstorbene Wissenschaftler wollte mit extrem hohen Vitamin-C-Gaben in den 70er Jahren Virusinfektionen und Krebs vorbeugen. Er selbst aß 18 **Gramm** (!) Vitamin C pro Tag (**100 Milligramm** benötigt man nur) und war angeblich mit 92 noch geistig fit.

Das hohe Alter von Pauling wird heute als Beweis für den Erfolg der orthomolekularen Medizin bezeichnet. Der unabhängige Branchendienst „Arznei-Telegramm" kritisiert daran: „Mit der gleichen Berechtigung könnte die Tabakindustrie einen gesunden 90-jährigen Raucher als Beweis für die Unschädlichkeit von Tabak heranziehen."

Aufgrund der überhöhten Vitamindosen sowie fehlender wissenschaftlicher Absicherung und Studien ist die orthomolekulare Medizin höchst umstritten und von der Schulmedizin nicht anerkannt. ÖKO-TEST-Berater Prof. Manfred Schubert-Zsilavecz von der Goethe-Universität Frankfurt am Main hält die Orthomolekularmedizin vor allem für eine gefährliche Geschäftemacherei, bei der die langfristigen Folgen nicht abzusehen sind. Einige der Behauptungen von Linus Pauling wurden inzwischen von seinem eigenen Institut widerlegt.

Oxidativer Stress

Ungleichgewicht zwischen der Entstehung freier Radikale und ihrer Entgiftung. Das bedeutet, die zahlreichen Sauerstoffradikale können durch die antioxidativen Systeme, zu denen auch bestimmte Vitamine wie Vitamin E und C gehören, nicht entgiftet werden. Besonders das Gehirn reagiert empfindlich auf diese Stressform. Die Funktion zentraler Substanzen wie Eiweiß, Erbsubstanz und Fette können durch oxidativen Stress derart verändert werden, dass sie zu Fehlfunktionen im Körper führen, bzw. Körperzellen können dadurch absterben.

Radikale, freie

Hier handelt es sich um sehr reaktionsfreudige, aggressive, instabile Verbindungen, in der Regel sauerstoffhaltig, die im Körper Zellwand, Zellbestandteile und Erbsubstanz schädigen oder sogar zerstören können. Sie entstehen immer wieder und obwohl sie sehr kurzlebig sind (meist weniger als eine Sekunde) wirken sie in den Zellen äußerst aggressiv. Ihnen fehlt ein sogenanntes Elektron, das sie versuchen wieder an sich zu reißen – aus anderen Substanzen und Verbindungen. Treffen sie dabei auf Erbinformationen, können sie deren Informationsgehalt ändern. Dadurch kann eine möglicherweise krebsauslösende Mutation (Erbgutveränderung) entstehen, die auf diejenigen Zellen, die aus der ursprünglichen hervorgehen, vererbt werden kann. Sie sind u.a. an der Entstehung von Krebs beteiligt und lassen den Körper altern. Sie werden auch im Körper selbst gebildet und von außen zugeführt, z. B. über die Nahrung, Tabakrauch, bestimmte Arzneimittel wie z. B. dem fiebersenkenden Paracetamol oder Umweltgiften der Luft bzw. Abgase. Auch durch den Einfluß von UV- (Sonnenbaden) und radioaktiven Strahlen entstehen sie. Nicht nur bei Rauchern, auch bei Vielfliegern lassen sich größere Mengen freier Radikale feststellen.

Der Mensch hat bestimmte Schutzmechanismen entwickelt, um diese aggressiven Teilchen zu „entgiften". Durch die moderne Lebensweise mit ihren vielen Belastungen, wie auch dem Stress oder Umweltschadstoffen, werden freie Radikale jedoch oftmals in solchen Mengen erzeugt, dass der Körper ohne Unterstützung nicht mehr damit fertig wird. Einige Antioxidantien (siehe dort), wie z. B. Vitamin C und E, verhindern die Reaktionen der Radikale, indem sie sie chemisch verändern. Andere Antioxidantien wie z. B. zahlreiche sekundäre Pflanzenstoffe, das Spurenelement Selen sowie die Vitamine C und

E binden dagegen freie Radikale und werden deshalb als Radikalfänger bezeichnet. Da die Radikale meistens Sauerstoff enthalten und eine Reaktion mit Sauerstoff chemisch als Oxidation bezeichnet wird, nennt man die Radikalfänger auch Antioxidantien.

Rachitis = Knochenerweichung

RDA (= Recommended Dietary Allowance)
Die Europäische Union bezieht sich leider auf die Nährstoffempfehlungen der amerikanischen Gesundheitsbehörde (RDA) und nicht auf die Empfehlungen der DGE sowie der entsprechenden schweizerischen und österreichischen Daten – die sogenannten *D-A-CH-Referenzwerte* (s. dort).

Sekundäre Pflanzenstoffe
Die Definition dieses Begriffes ist nicht einheitlich. Im Allgemeinen handelt sich um eine Fülle chemisch sehr unterschiedlicher Verbindungen, die nur in sehr geringen Konzentrationen (maximal bis zu einigen Gewichtsprozenten aller Inhaltsstoffe, den Wassergehalt bereits abgezogen), nur in Pflanzen vorkommen, beim Menschen eine medizinische Wirkung ausüben und Bestandteil zahlreicher Arzneimittel sind. Die Pflanze benötigt sie nicht unbedingt zum Überleben. Nehmen wir sie nicht zu uns, führt dies nicht zu akuten *Mangelerscheinungen*, aber es erhöht sich nach gängiger wissenschaftlicher Meinung langfristig das Risiko bestimmte Krebsformen zu entwickeln. Personen, die sich vollwertig ernähren, nehmen automatisch viele dieser gesundheitsfördernden Substanzen auf. Man geht davon aus, dass man mit einer gemischten Kost ca. 1,5 g pro Tag davon zu sich nimmt. Es gibt mehr als 30.000 verschiedene Sekundäre Pflanzenstoffe, etwa 40 % davon sind erst bekannt.

Synergistisch
Sich in der Wirkung wechselseitig verstärkend

UGB
Verband Unabhängiger Gesundheitsberater Deutschlands e. V., Wettenberg/Gießen

Vegane Ernährungsweise
Ernährung ohne jegliche tierische Produkte. Das bezieht Fleisch, Eier, Milch und ihre Produkte und sogar Honig mit ein. Auch auf Lederbekleidung wird verzichtet.

Bezugsquellen, Hersteller- und Anbieterverzeichnis

• Die Acerola VitaminC- und die Camu-Taler sowie die Weizenkeime von Dr. Grandel erhalten Sie im Reformhaus

• Das Salicornia Jod Pulver sowie das Vitamin E Gerstenöl Granulat von Dr. Pandalis erhalten Sie in der Apotheke und im Naturwarenhandel (Naturkostfachgeschäft, Bioladen)

• Bad Reichenhaller Markenjodsalz mit seinen unterschiedlichen Geschmacksvarianten (Gemüse Salz mit Grüntee, Kräutersalz, Kartoffel & Pommes-Salz, Mozzarella Tomaten Salz, Knoblauch Salz mit Kräutern, Geflügel-Salz, Knoblauch Salz mit Kräutern, Grill & Steak Salz – alle mit Folsäure) erhalten Sie im Einzelhandel (Supermärkte aller Art)

• Die „Helenenquelle" erhalten Sie in gut sortierten Getränkemärkten und in Apotheken. Ihre nächst gelegene Bezugsquelle erfahren Sie unter Tel.nr. 05621/963010

• Die verschiedenen Tofusorten incl. der damit hergestellten Fertigprodukte wie Sojanudeln (Pasta di Tofu) und Sauce Bolognese erhalten sie im Naturkostladen, -fachgeschäft oder Bio-Supermarkt sowie direkt bei Tofurei Svadesha, 81829 München, Leonhardiweg 48

• Die Mineralstoffpräparate auf natürlicher Basis (Eisen + C, Kalzium, Magnesium, Kieselerde) von Alnavit erhalten Sie bei dm Deutschland, dm Österreich, Budnikowsky, Alnatura Filialen, tegut und in Bio- bzw. Naturkostläden.

• Die Beutelsbacher Säfte (Apfelsaft, ABCvital, Multi Pur) erhalten Sie in Bio- bzw. Naturkostläden.

• Die Spirulina-, Chlorella-, Weizen und Gerstengrasprodukte von Sanatur erhalten Sie im Bio- Naturkostladen bzw. -fachgeschäft oder im Versandhandel: Sanatur GmbH, Im Haselbusch 16, 78224 Singen.

• Die Erdmann Hauser „Ernährung für besondere Lebensphasen" erhalten Sie im Naturkostfachhandel oder Naturkostversandhandel, s. auch www.naturkost.de

• Sofern nicht anders angegeben wurden alle digitalen Bilder mit der MINOLTA DIMAGE F 300, 5.0 MegaPixels angefertigt. Zu beziehen bei jedem Fachhändler.

Literaturverzeichnis

Die hervorgehobenen Literaturstellen bieten eine gute Möglichkeit, sich weiter in die Thematik der Vitamine, Mineralstoffe und vollwertigen Ernährung zu vertiefen.

- Ambros G: „Hochsaison für Vitamin C": Schrot&Korn 11/2001
- Ärzte Zeitung vom 15.11.2004: „Vitamin E in hoher Dosierung erhöht die Sterblichkeitsrate": www.aerztezeitung.de/medizin/ernaehrung/vitamine/ (eingesehen am 18.11.04)
- Anemueller H. (Hrsg.) Bernd Küllenberg B. (Autor): „Ratgeber Vitamine und Mineralstoffe": Deutscher Reform-Verlag GmbH Oberursel, 2. Aufl. 1997
- Apotheken Umschau vom 1.August 1998: „Braucht der Körper zusätzlich Vitamine?", Wort & Bild-Verlag Konradshöhe GmbH & Co, Baierbrunn
- Auskunft von Herrn Dinzenhofer, Firma Baywa München, vom 26.1.05
- Bankhofer H: „Gesundheitsbarometer – Aktiv und vital durchs ganze Jahr": edition ferenczy bei Bruckmann, München, 1995
- BBC Exklusiv: „Vitamine – die ganze Wahrheit".-Vox am 27.1.2005
- Bundesinstitut für Risikobewertung (BfR): „Nutzen und Risiken von Vitaminen und Mineralstoffen in Lebensmitteln neu bewertet", 02/2005, Pressenotiz vom 27.1.2005
- **Hans Konrad Biesalski HK, Köhrle J & Schümann K (Hrsg.): „Vitamine, Spurenelemente und Mineralstoffe Prävention und Therapie mit Mikronährstoffen".- Georg Thieme Verlag Stuttgart New York, 2002**
- www.Brigitte.de: „Vitaminpräparate: Was Sie wirklich brauchen"
- www.tierrechteportal.de/vegan/wirkstoffe.html (eingesehen am 19.3.2003)
- DGE (Deutsche Gesellschaft für Ernährung e.V.): „Jodsalz ist unverzichtbar und gesundheitlich unbedenklich": DGE-spezial 04/99
- DGE (Deutsche Gesellschaft für Ernährung e.V.): „Wie viel Eisen braucht der Mensch?": DGE aktuell 19/2001 vom 9.10.2001 www.dge.de (eingesehen am 27.03.2003)
- DGE (Deutsche Gesellschaft für Ernährung e.V): „Einfluß der Intensivnutzung von Böden auf den Nährstoffgehalt von Lebensmitteln": Stellungnahme der DGE: Forschung, Klinik und Praxis, November 1999
- DGE (Deutsche Gesellschaft für Ernährung e.V.): „Sind unsere Böden an Nährstoffen ‚verarmt'?": DGE aktuell 26/99 vom 14.12.1999
- DGE (Deutsche Gesellschaft für Ernährung e.V.): „Stellungnahme: Vitaminversorgung in Deutschland": Forschung, Klinik und Praxis, DGE info 5/2003
- Elmadfa I & Leitzmann C: „Ernährung des Menschen": 4. Aufl. Stuttgart, Verlag Eugen Ulmer GmbH & Co, 2002
- Flemmer A: „Essen ohne Risiko: Bio – die Alternative": Umschau-Verlag Frankfurt, 2002

• Flemmer A.: Das Anti-Krebs-Kochbuch, Verlag Neumann-Neudamm, Melsungen, 2003

• Flemmer A: „Das Multi-Vitamin-Kochbuch".- Verlag Neumann-Neudamm AG, Melsungen 2004

• Flemmer A: „Das Mineralstoff-Kochbuch".- Verlag Neumann-Neudamm AG, Melsungen 2004

• Focus 15/2002: „Kostbare Früchte – Vitamine", FOCUS Magazin-Verlag GmbH, München

• Focus 31/2003 : „Das ABC der Vitamine" , FOCUS Magazin-Verlag GmbH, München

• Kirchhoff E: „Vitamin- und Mineralstoffgehalt pflanzlicher Lebensmittel" in: Ernährungsbericht der DGE, Dezember 2004

• Koerber K/Männle T/Leitzmann C: „Vollwert-Ernährung" Konzeption einer zeitgemäßen und nachhaltigen Ernährung: 10. Aufl., Karl F. Haug Verlag Stuttgart, 2004

• Krautstein H: „Nahrungsergänzungsmittel: Gesund durch Pillenschlucken?": Schrot & Korn vom Februar 1999, Bio-Verlag GmbH, Schaafheim

• Krautstein H: „Vitamin-Lobby?": Schrot & Korn Oktober 2000, Bio-Verlag GmbH, Schaafheim

• Kretschmer C & Herzog A: „Gesunde Ernährung bei Krebs": Karl F. Haug Verlag, Hüthig GmbH, Heidelberg, 12. Aufl. 1998

• Maier K: „Magnesium: Stress erhöht den Bedarf" www.ugb.de (eingesehen am 25.8.01)

• Menne Y: „Vitamintabletten: Was bringen Brausen und Säfte wirklich?" Ein Bericht vom 2.4.02 in „Plusminus", ARD

• Merkel W: „Die Geschäfte des Dr. Rath": 12. November 2004 in „Die Welt" Magazin; Axel Springer AG, Berlin

• ÖKO-TEST: „Ökulinarisch Öko Test – Ratgeber Essen, Trinken & Genießen" Nr. 01/2001.-ÖKO-TEST GmbH & Co KG, Frankfurt

• ÖKO-TEST vom Januar 1998: „Vitamin-Zusätze gehen am Mangel vorbei".- ÖKO-TEST GmbH & Co KG, Frankfurt

• ÖKO-TEST Kompakt Vitamine 2004, ÖKO-TEST-Verlag GmbH, Frankfurt

• Overbeck P: „Anti-Aging im falschen Sinn": Ärzte Zeitung vom 15.11.2004: Kommentar zu: „Vitamin E in hoher Dosierung erhöht die Sterblichkeitsrate" www.aerzte-zeitung.de/medizin/ernaehrung/vitamine/ (eingesehen am 18.11.04)

• Pütz J: „Das Hobbythek-Diätbuch".- vgs, Köln

• SBK Ernährungsberatung R. Wiesler: „Trinken im Sport" Trink-Tipps für Sportler von der SBK (Siemens Betriebskrankenkasse), München

• Scherz H (Hrsg.), Senser F: Souci · Fachmann · Kraut, Die Zusammensetzung der Lebensmittel. Nährwert-Tabellen. Medpharm, 6. Aufl. Stuttgart 2000

• Senat der Bundesforschungsanstalten, Arbeitsgruppe „Qualitative Bewertung von Lebensmitteln aus alternativer und konventioneller Produktion": http://bmvel-forschung.de/data/0004Fee8CDF6106A80576521C0ABD816.0.pdf (eingesehen am 14.12.04)

• Der kleine „Souci-Fachmann-Kraut": Lebensmitteltabelle für die Praxis.- Deutsche

Forschungsanstalt für Lebensmittelchemie, Garching bei München (Hrsg.), 2. Aufl., Wissenschaftliche Verlagsgesellschaft mbH Stuttgart, 1991

- Stern Nr. 36 vom 26.8.2004: „Wie viel Vitamine sind gesund? Was Wissenschaftler heute empfehlen", Gruner + Jahr AG & Co KG, Hamburg
- Stiftung Warentest, Test spezial „Schlank und Fit" 80 Diäten im Vergleich, Stiftung Warentest, Berlin
- Stolze, C & Klemt B: „Gesunde Ernährung WAS DER KÖRPER WIRKLICH BRAUCHT" stern spezial GESUND LEBEN, Nr. 4, 2004, Gruner + Jahr AG & Co KG, Hamburg
- Verbraucherzentrale Bayern, München: Presseinformation vom16.6.2004: „ Neue Verordnung für Vitamine & Co. Verbraucherzentrale kritisiert rechtliche Lücken"
- Verbraucherzentrale Bayern e. V.: „Nahrungsergänzungsmittel": München, 1. Aufl. April 2004
- Verbraucherzentrale Bayern e. V., München: „Gesund und jung bleiben mit Gemüse in Tablettenform?": Wirkung von isolierten Inhaltsstoffen ist kaum erforscht." Presseinformation vom 16.7.03
- Verbraucher-Zentrale Hamburg e. V. (Hrsg.): „Was bedeuten die E-Nummern? Lebensmittel-Zusatzstoffliste".- überarb. Aufl. Oktober 2003
- Verbraucherzentrale Hamburg (Hrsg.): „Checkliste Nahrungsergänzung", Juni 2003
- Verbraucherzentrale Nordrhein-Westfalen e. V.: „Gesundheitskost gesunde Kost?" Ein Wegweiser durch Werbung und Wirklichkeit: 6. Aufl., 1999, Düsseldorf
- Velimirov A & Müller W: „Ist Bio wirklich besser? Fakten zur Qualität biologisch erzeugter Lebensmittel": www.ernte.at (eingesehen am 5.10.2004)
- Watzl B & Leitzmann C: „Bioaktive Substanzen in Lebensmitteln": Hippokrates Verlag GmbH, Stuttgart, 1999, 2. Auflage
- Weigt S: „Eisen – zuviel kann schaden": www.ugb.de (eingesehen am 25.8.01) 2001 UGB

Gesund durch Genuß

Klaus Weiß kirchen

Kleine Heilkräuterkunde

Hardcover, 128 Seiten,
Format 21 x 20 cm,
zahlr. Abbildungen.

ISBN 3-7888-0885-3
Preis • 14,95 sfr 24,90

Welche Kräuter wirken wogegen? Wie werden Kräuter gesammelt und eingesetzt? In seinen Buch **„Kleine Heilkräuterkunde"** liefert **Klaus Weißkirchen** Antworten auf diese und weitere Fragen. Ernte und Verwendung der in Deutschland üblichen Heilkräuter werden ebenso ausführlich beschrieben wie deren Heilwirkungen und vielfältige Einsatzmöglichkeiten. Untermalt mit so mancher interessanten Anekdote schöpft der Autor aus seiner langjährigen Erfahrungspraxis und vermittelt sein Wissen anschaulich und allgemein verständlich.

VERLAG
J. NEUMANN-NEUDAMM
Schwalbenweg 1
34212 Melsungen
Tel.: 0 56 61 - 92 62 26
Fax: 0 56 61 - 92 62 19
info@neumann-neudamm.de
www.neumann-neudamm.de

NJN
SEIT 1872